BENDICIÓN EN EL DESORDEN

BENDICIÓN EN EL DESORDEN

Cómo ver la bondad de Dios en medio del dolor de la vida

JOYCE MEYER

NEW YORK • NASHVILLE

FaithWords
Hachette Book Group
1290 Avenue of the Americas, New York, NY 10104
faithwords.com
twitter.com/faithwords

FaithWords es una división de Hachette Book Group, Inc. El nombre y logotipo de FaithWords corresponden a una marca registrada de Hachette Book Group, Inc.

Traducción, edición y corrección en español por LM Editorial Services | lmeditorial.com | lydia@lmeditorial.com con la colaboración de Belmonte Traductores (traducción del texto).

ISBN: 978-1-5460-0633-6 (tapa blanda) / E-ISBN: 978-1-5460-0714-2 (libro electrónico)

Primera edición en español: septiembre 2023

Impreso en los Estados Unidos de América | Printed in the USA

LSC-C

Printing 1, 2023

ÍNDICE

Introducción vii

Parte 1: Dios puede bendecir tu desorden 1

Capítulo 1. La doble bendición 3
Capítulo 2. ¿Quién creó este desorden? 23
Capítulo 3. Tormentas y arco iris 37
Capítulo 4. Vencer pruebas y tentaciones 51

Parte 2: Vivir una vida de bendición 65

Capítulo 5. Escoge ser bendecido 67
Capítulo 6. No te ofendas por los problemas 79
Capítulo 7. Ten cuidado con lo que dices 93
Capítulo 8. Entiende el poder de una buena actitud 109
Capítulo 9. Mantente positivo 125
Capítulo 10. Sigue siendo paciente 137
Capítulo 11. Sé agradecido 153
Capítulo 12. Cree que Dios es más grande que tus problemas 167
Capítulo 13. Confía en Dios cuando no entiendas 181
Capítulo 14. Ten confianza en que siempre triunfas en Cristo 195

Capítulo 15. Simplemente pide 207
Capítulo 16. Cómo recibir bendición y tener menos desorden 219

Parte 3: Las Bienaventuranzas: claves para la bendición 235

Capítulo 17. La primera y segunda bienaventuranzas 237
Capítulo 18. La tercera y cuarta bienaventuranzas 255
Capítulo 19. La quinta y sexta bienaventuranzas 269
Capítulo 20. La séptima y octava bienaventuranzas 283
Capítulo 21. La puerta a las bendiciones 297

Conclusión 307
Notas 309

INTRODUCCIÓN

La vida es a menudo desordenada. Escuchamos a personas decir: «Mi vida es un desorden» o «Esta situación es un desorden». Lo que quieren decir es que la vida se ha vuelto difícil, dolorosa o confusa. Dios nunca nos promete una existencia libre de problemas; de hecho, su Palabra nos enseña que esperemos lo contrario. Jesús dice: «En este mundo afrontarán aflicciones, pero ¡anímense! Yo he vencido al mundo» (Juan 16:33). Además, la Biblia está llena de instrucciones sobre cómo comportarnos cuando llegan dificultades a nuestro camino. Mantener la paciencia, seguir confiando en Dios cuando no entendemos lo que sucede, y mantenernos positivos son simplemente tres maneras en las que debemos responder cuando sentimos que la vida es un desorden (Romanos 12:12; Proverbios 3:5), y todas ellas son para nuestro propio beneficio. Sin importar qué circunstancias desagradables podamos enfrentar, si mantenemos la paciencia, confiamos en Dios y nos mantenemos positivos, podemos disfrutar de la vida mientras Él obra en nuestros problemas.

Afortunadamente, los problemas no son continuos en nuestras vidas. También atravesamos temporadas que son pacíficas y agradables; sin embargo, la vida no *siempre* discurre como nos gustaría, y necesitamos estar preparados y fuertes espiritualmente para los momentos en que se vuelve desordenada. Es importante que aprendamos a no comportarnos de un modo cuando nos gustan nuestras circunstancias y de otro cuando nos resultan desafiantes. Necesitamos ser estables en toda situación, y nuestra capacidad para hacerlo se basa en lo que pensamos y creemos. Si pensamos positivamente, esperando que salga algo bueno de nuestros problemas, y si confiamos en Dios y nos recordamos a nosotros mismos que Él es bueno, podemos atravesar las dificultades con más facilidad que si tenemos una actitud negativa y no confiamos en Él.

Jesús nos ha dado su paz, pero también nos dice que no nos permitamos tener temor, ser intimidados, o estar preocupados e inquietos (Juan 14:27). El hecho de que Dios nos ha dado algo no significa que hagamos un buen uso de ello. La paz está a nuestra disposición, pero Jesús dice: «No *dejen* que el corazón se les llene de angustia» (Juan 14:1 NTV, énfasis de la autora).

Puedes tener bendición en medio de los problemas y el dolor.

El mensaje de este libro es sencillo: Todos enfrentaremos problemas y dolor en la vida, pero si los manejamos del modo en que Dios quiere que lo hagamos, podemos tener bendición en medio de la situación. En el Antiguo Testamento, Job soportó grandes problemas, pero al final se le dio el doble de lo que había perdido (Job 42:10). Este principio aparece en toda la Palabra de Dios. La pregunta es la siguiente: ¿queremos que nuestros problemas nos hagan ser mejores o peores? ¿Queremos que nuestro dolor nos haga sentir patéticos o nos haga sentir poderosos? Ya que de todos modos encontraremos problemas, ¿por qué no dejar que nuestras dificultades nos hagan ser mejores y más fuertes? ¿Por qué no vivir de tal modo que terminemos mejor de lo que estábamos antes de que comenzaran los problemas? Nunca deberíamos desperdiciar nuestro dolor. Podemos aprender algo de él, utilizarlo para mantenernos lejos de los problemas en el futuro, y permitir que nos inspire y nos equipe para ayudar a otras personas.

Hay un modo de tener bendición en medio de tu desorden y recibir la recompensa de Dios al final de la situación. En este libro espero mostrarte cómo lograrlo. Todos tenemos problemas, pero no todos los manejamos bien. Si sabemos manejarlos podemos cambiar, y gracias a Dios porque siempre podemos cambiar de maneras positivas. Si tú no has manejado bien tus problemas y tu dolor en el pasado, entonces, con la ayuda de Dios, puedes comenzar a manejarlos mejor comenzando desde ahora mismo.

Yo he mantenido una relación firme y estable con Dios por más de cuarenta y cinco años. Como todo el mundo, comencé siendo una cristiana bebé, comportándome como una bebé y reaccionando emocionalmente cada vez que la vida se volvía difícil o las situaciones no discurrían como yo quería. Sin embargo, a lo largo de los años he aprendido a comportarme, y la Palabra de Dios y su Espíritu me han cambiado. Puedo testificar que las cosas que antes me molestaban mucho ya no me molestan en absoluto ahora. ¿Por qué? Porque sé cómo terminarán si hago lo que Dios me pide que haga.

Estoy muy lejos de ser perfecta. Hace tan solo unos días atrás, una situación amenazó con arruinar mis planes para el día, y me sentí impaciente y

Dios te cambia poco a poco.

frustrada. Mi familia comenzó a sermonearme, lo cual solamente se sumó a mi frustración. La buena noticia es que, después de diez minutos, me sentí en paz y el día resultó tal como yo había planeado, después de todo. Hay ocasiones en las que no me comporto adecuadamente, y sigo creciendo; sin embargo, afortunadamente he mejorado mucho, y estoy decidida a no permitir que el diablo me robe el gozo de mi progreso haciendo que me enfoque en las debilidades que todavía tengo. Sé que seré fortalecida en todos mis problemas a medida que pasa el tiempo. Dios no nos cambia de repente; lo hace poco a poco. Comienza a dar gracias a Dios por lo poco que tienes, y se te concederá más.

Creo que aprender a ser estable en situaciones problemáticas es una de las lecciones más importantes de la vida. A menos que seamos estables, siempre estaremos sujetos a la inquietud y la angustia cuando nuestras circunstancias sean desagradables o dolorosas, tal como lo serán en ocasiones. Aprende a recibir bendición en tu desorden y salir mejor de lo que estabas cuando comenzó tu dificultad. Aprende a utilizar los problemas para tu beneficio en lugar de permitir que el diablo los use para debilitarte y quizá derrotarte. Dios me ha enseñado cómo hacer eso, y sé que también puede enseñarte a ti.

PARTE 1

Dios puede bendecir tu desorden

CAPÍTULO 1

La doble bendición

Dichosos los que ven cosas hermosas en lugares humildes donde otras personas no ven nada.

Camille Pissarro[1]

Quiero comenzar este libro contándote una historia. Es mi propia historia, pero podría ser también tu historia o la historia de alguien a quien conoces. Todos tenemos una historia, e incluso si la tuya es diferente a la mía, es importante para ti y para Dios y puedes ayudar a otra persona relatándola en el momento adecuado.

Cuando yo era niña, era abusada sexualmente por mi padre regularmente. La situación continuó por muchos, muchos años. Fue una experiencia horrible, por decir lo mínimo. Te ahorraré los detalles terribles, pero fue una pesadilla por la que no querría volver a pasar.

La casa donde crecí estaba llena de temor. No puedo recordar estar alguna vez sin sentir temor durante los años de mi niñez. Mi papá era controlador y totalmente mezquino. Era abusivo físicamente con mi mamá, y básicamente ignoraba a mi hermano excepto para maldecirlo cuando estaba enojado.

Mi mamá sabía que mi papá abusaba de mí sexualmente, pero ella también vivía y respiraba temor. Cuando yo tenía unos cincuenta años, ella me dijo que sentía haber permitido lo que mi papá me hacía, y después me dijo: «Simplemente no podía enfrentar el escándalo». En aquellos tiempos no se hablaba del incesto. Se producía regularmente, pero nadie hablaba sobre ello: nunca. Recuerdo que mi papá me advertía continuamente que no se lo contara a nadie, lo cual no tenía ningún sentido para mí, porque también me decía que lo que él me hacía era bueno y que lo hacía porque me amaba.

Yo me acerqué a algunos familiares en busca de ayuda,

pero ellos no quisieron involucrarse; por lo tanto, finalmente decidí que, ya que nadie quería ayudarme, sobreviviría y después me iría de casa en cuanto terminara la secundaria. Sin embargo, antes de compartir más sobre mi historia, quisiera mencionar una experiencia transformadora que se produjo cuando era bastante joven.

Dios aparece en escena

Cuando tenía nueve años, estábamos visitando a mi tía y mi tío y quise asistir a la iglesia con ellos. También quería ser salva. No sé cómo supe lo que significaba «ser salva», porque no había recibido ninguna enseñanza espiritual en mi casa; sin embargo, sabía de algún modo que era una pecadora y necesitaba salvación. Mientras mi papá estaba afuera emborrachándose un sábado en la noche, yo fui a la iglesia con mi tía y mi tío y caminé hacia el altar al final del servicio. El pastor oró conmigo, y experimenté una limpieza de mi alma inconfundible. Supe que Dios me había tocado. ¡Nací de nuevo!

Sin embargo, después de aquella noche no recibí más enseñanza para ayudarme a crecer espiritualmente. Por esa razón, en cuanto hacía algo mal pensaba que había perdido mi salvación. Seguí en ese estado por muchos años. Oraba fervientemente para que Dios me sacara de la situación en la que estaba, pero Él no lo hizo; sin embargo, sí que me sacó adelante, y aunque mi alma estaba dañada y necesitaba sanidad como resultado, yo también era fuerte y estaba decidida a sobrevivir y prosperar en la vida. Creo que mi determinación fue un regalo de Dios.

Dios siempre tiene un motivo para sus decisiones, incluso cuando nosotros no podemos verlo.

No siempre entendemos por qué Dios no nos libera de situaciones difíciles, pero Él siempre tiene un motivo para sus decisiones, incluso cuando nosotros no podemos verlo. En mi caso, creo que Él decidió no eliminar las dificultades para que así yo pudiera obtener la experiencia que necesitaría para hacer lo que hago ahora. Entiendo verdaderamente a lo que se refieren las personas cuando dicen que están sufriendo, y soy capaz de sentir compasión por ellas debido al dolor que he sufrido. También sé que Dios sanará sus almas heridas y sus corazones quebrantados porque sanó el mío.

La Biblia dice que Jesús fue obediente mediante las cosas que sufrió, y eso lo equipó para llegar a ser el autor y consumador de nuestra salvación (Hebreos 5:8-9). Yo creo que el mismo proceso se produce con frecuencia en las vidas de aquellos a quienes Dios quiere utilizar para ayudar a otros. Como escribió G. V. Wigram: «Las tristezas y las pruebas son... como la arena y la lija que pulen una piedra».[2]

Decir que yo era un desastre cuando me fui de mi casa a los dieciocho años de edad es quedarse muy corto. Para cualquiera que mirara, yo parecía estar bien. Era razonablemente inteligente y podía mantener un buen empleo; sin embargo, era terrible en las relaciones. No sabía cómo pensar apropiadamente, sentir apropiadamente, o hacer lo correcto. Me sentía culpable por lo que me habían hecho, y estaba arraigada en la vergüenza. No me gustaba mi personalidad, mi aspecto, o ninguna otra cosa acerca de mí misma. Actuaba en modo protección constantemente y no confiaba en nadie, especialmente en los hombres. Me había prometido a mí misma que, cuando me fuera de mi casa, nunca me permitiría a mí misma tener necesidad de nadie. Tenía algunas amistades casuales, pero mantenía esas relaciones a una distancia segura y nunca permitía que nadie se acercara mucho a mí.

Decidir no necesitar a otras personas no funciona, porque Dios nos ha creado para actuar juntos como una unidad, y no individualmente como llaneros solitarios. Ninguno de nosotros tiene todo lo que se necesita para vivir una buena vida a solas. Necesitamos a otras personas que tienen dones, habilidades y talentos que nosotros no tenemos. Las personas no fuimos creadas para estar solas.

Si tú tienes relaciones que son un desorden, permíteme asegurarte que Dios puede cambiarlas y convertirlas en una bendición. A continuación, hay una historia de una mujer llamada Ana que demuestra lo que quiero decir.

Dios cambia el corazón de las personas

> Siempre he sido un poco sobreprotectora; por lo tanto, cuando la nueva novia de mi hermano causó una primera impresión (y segunda, tercera) horrible, enseguida llegué a la conclusión de que se estaba conformando con menos de lo que Dios tenía para él.
>
> Como él no estuvo dispuesto a escuchar mi observación crítica, decidí ocuparme yo misma de la situación. Pronuncié algunas palabras hirientes que nunca pude retirar en un intento de alejar a su novia muy, muy lejos;

sin embargo, ella no huyó. De hecho, se mantuvo a su lado más fuerte que nunca. Fue en ese momento cuando entendí que tal vez la había juzgado mal.

Me sentí avergonzada por mis propias acciones y comencé a buscar la misericordia y el perdón de Dios. Y, aunque pensaba que era mejor si ellos rompían, entendí que nunca he querido que se haga mi voluntad, sino la de Él. Comencé a orar para que sus planes finalmente prevalecieran. Si mi hermano y su novia debían ser pareja, le pedí a Dios que cambiara mi corazón.

Y sí que cambió mi corazón. Al principio no fue muy notable pero poco a poco, los lentes con los que la miraba ya no eran tan borrosos. Dejé de verla como mi enemiga; de hecho, incluso comencé a ver su hermoso corazón.

Su amor por Jesús se hizo cada vez más obvio con el tiempo, y debido a eso pude ver que en realidad ella amaba a mi hermano de modo muy hermoso. Ella me ha perdonado desde entonces, y ahora tengo una cuñada que es también mi hermana en Cristo. ¿Qué más podría pedir?

Aunque inicialmente produje bastante caos, Dios me ayudó a entender que soy muy bendecida. Él cambió mi corazón y me permitió ver con sus ojos en lugar de ver con los míos.

Si estás atravesando una situación delicada, te invito a que ores y le pidas a Dios que dirija el camino. Nunca se sabe; tal vez Él cambie tu corazón también.

Llegar a conclusiones acerca de las personas antes de darte el tiempo para llegar a conocerlas verdaderamente es un error. Da una oportunidad a las personas antes de decidir eliminarlas de tu vida. En ocasiones, descubrirás que vale la pena incluirlas, como le sucedió a Ana; y otras veces descubrirás, como me sucedió a mí en la siguiente historia, que necesitas poner fin a tu relación con ellas para así poder disfrutar de la vida de bendición que Dios quiere que vivas.

Una mala relación que nunca mejoró

Cuando yo tenía dieciocho años conocí a un muchacho en una cita a ciegas. Él tenía tantos problemas como yo, o más todavía. Después de un breve periodo de citas amorosas nos casamos, y experimenté otros cinco años de angustia y un estilo de vida ridículo. Con frecuencia se desaparecía por meses, y al final regresaba y me decía que lo lamentaba mucho. Yo siempre lo recibía. Ninguno de los dos sabía lo que era el amor. Él era un timador y ladronzuelo que terminó en la cárcel.

Me casé con él porque estaba desesperada, pensando que nadie me querría jamás debido a que había sido abusada sexualmente. Las personas desesperadas no toman buenas decisiones. Yo sabía en lo profundo de mi corazón que el matrimonio probablemente no funcionaría, pero de todos modos seguí adelante. Si pudiera retroceder en el tiempo, ¿me casaría con él? Probablemente no, pero no puedo decir que lo lamento, porque Dios produjo una bendición del desorden que yo había creado.

Las personas desesperadas no toman buenas decisiones.

Durante los cinco años de nuestro matrimonio estuvimos separados más tiempo del que estuvimos juntos, pero tuve un aborto natural y después di a luz a un hijo durante ese periodo. Mientras estaba embarazada de mi hijo, mi esposo me abandonó, se fue a vivir con otra mujer, y le dijo a todo el mundo que el bebé no era de él. Yo estaba sola, viviendo en el tercer piso de un edificio de apartamentos durante un verano extremadamente caluroso. No creo que ni siquiera tuviéramos un ventilador, y mucho menos aire acondicionado. Me sentía tan mal durante ese tiempo que, en lugar de aumentar de peso mientras estaba embarazada, perdí quince kilos. Fue uno de los periodos más oscuros de mi vida; sin embargo, Dios promete darnos tesoros sacados de los lugares oscuros, y Él me dio a mi hijo.

> Te daré los tesoros de las tinieblas, y las riquezas guardadas en lugares secretos, para que sepas que yo soy el Señor, el Dios de Israel, que te llama por tu nombre.
>
> Isaías 45:3

Mientras estaba embarazada y ya no podía trabajar, mi peluquera y su mamá me permitieron vivir con ellas hasta que naciera el bebé. Aunque no vivía en la calle, en cierto sentido no tenía techo y dependía totalmente de personas que eran poco más que desconocidas para que me ayudaran.

Cuando nació mi hijo, mi esposo apareció en el hospital. El bebé se parecía a él, de modo que no había manera alguna de negar que el niño era suyo. Salimos del hospital y literalmente no teníamos ningún lugar donde vivir, de modo que mi esposo llamó a una mujer cristiana que antes había estado casada con uno de sus hermanos, y ella nos recibió en su casa.

Finalmente, mi hijo David creció y se convirtió en el presidente ejecutivo de nuestro programa de misiones mundiales llamado Hand of Hope (Mano de Esperanza) para Joyce Meyer Ministries. Él ha ayudado personalmente a comenzar centros de alimentación, hospitales y programas médicos misioneros. Ha proporcionado ayuda para víctimas de tráfico sexual, construir iglesias, y para cavar pozos de agua en más de cuarenta países en aldeas que no tienen agua potable. Como parte de estos programas, siempre compartimos el evangelio. Además, estamos en la televisión en todo el mundo en más de cien idiomas, y David ha ayudado con todo eso. Cuando yo estaba embarazada de él atravesaba un periodo oscuro en mi vida, pero él ha resultado ser un tesoro que salió de aquel tiempo tan oscuro.

Durante el tiempo que David y yo vivimos con la excuñada de mi esposo, él se fue. En cuanto pude conseguir un empleo, un apartamento y una niñera para David, intenté comenzar de nuevo la vida. Mi esposo regresó una vez más, pero poco después volvió a irse. Después de aquello, no pude soportarlo más y pedí el divorcio.

Por desesperación, regresé a vivir con mis padres porque no tenía otra opción. Sabía que pasaría la mayor parte del tiempo intentando evitar las insinuaciones sexuales de mi papá, pero Dios tuvo misericordia de mí. Poco después de mudarme a la casa de mis padres, Dave Meyer estacionó su auto delante de la casa. Estaba allí para recoger a una joven con la que trabajaba y que vivía en el apartamento de arriba.

En octubre de 1966 yo estaba afuera lavando el auto de mi mamá, y Dave comenzó a coquetear conmigo. Me preguntó si quería lavar su auto cuando terminara con el mío, y yo respondí: «Amigo, si quieres que tu auto esté limpio, ¡lávalo tú mismo!». Ese fue nuestro comienzo, pero Dave sigue diciendo que supo inmediatamente que yo era la mujer con la que quería casarse. Nos casamos en enero de 1967 y, afortunadamente, seguimos casados en la actualidad. Incluso eso es un milagro de Dios, porque era muy difícil llevarse bien conmigo en los primeros años de nuestro matrimonio. En la actualidad tenemos cuatro hijos maravillosos, doce nietos y cinco bisnietos, y el número continuará aumentando.

Bendición tras el desorden

Mi primer matrimonio fue un desorden que nunca cambió. Tuve que salir de esa situación, y Dios me bendijo con una relación con Dave. Cuando nos casamos, yo no tenía ni idea de lo que era el amor. No sabía cómo darlo o recibirlo. Dave era un cristiano fuerte y comprometido, y me pidió que asistiera a la iglesia con él, lo cual me alegró hacer. Yo había amado a Dios por tanto tiempo como podía recordar; simplemente no conocía nada acerca de la Biblia o sobre cómo tener una relación con Dios. Oraba cuando estaba desesperada, y mis oraciones consistían primordialmente en decir: «Dios, ayúdame». Batallaba para intentar ser cristiana. Tomé clases de confirmación y me involucré en una iglesia esperando que esas experiencias me cambiaran, pero eso no sucedió. Aprendí doctrina cristiana básica, pero no aprendí a vivir mi vida diaria como seguidora de Cristo. Varios años después, cuando Dave y yo teníamos tres hijos, nos mudamos a otra zona de la ciudad y asistimos a otra iglesia por varios años. Hicimos amistades en esa iglesia y disfrutamos de nuestro tiempo allí, pero, una vez más, aunque aprendí acerca de Dios, no aprendí lecciones que me ayudaran con mis problemas específicos.

En 1976 le pedí a Dios que tocara mi vida, y Él lo hizo. Tenía hambre de estudiar su Palabra. Poco después de aquello, sentí que Él me llamaba a enseñar la Biblia y me mostraba que yo difundiría su Palabra, ayudando a personas en todo el mundo. Hablando en lo natural eso habría sido imposible, pero Dios escoge y utiliza lo insensato del mundo (personas que serían descartadas como basura) para confundir a los sabios (1 Corintios 1:26–31).

En aquellos tiempos, muchas personas consideraban que era inaceptable que las mujeres enseñaran la Biblia, pero yo no era consciente de eso, de modo que comencé un grupo de estudio bíblico en mi lugar de trabajo. Al mirar atrás me pregunto cómo tuve la valentía de hacerlo porque no tenía ni idea de lo que estaba haciendo. Sin embargo, cuando Dios nos llama, también nos da un don de fe para hacer lo que nos pide que hagamos. Yo di el paso y Él me ayudó. A medida que Él me enseñaba, yo compartía con otros lo que me estaba enseñando.

Enseñé en ese grupo de estudio bíblico por cinco años, y finalmente lo trasladé a mi hogar. Cada martes en la noche, veinticinco o treinta personas se sentaban en la sala de mi casa, cantábamos unos cantos, y yo enseñaba la Palabra de Dios. Orábamos los unos por los otros, y era maravilloso. Mientras tanto, yo estudiaba y aprendía. Aprovechaba cada oportunidad que podía encontrar para estudiar la Palabra de Dios, y leía libros que me ayudaban a entender la Biblia. Dave y yo también tomamos un curso de estudio bíblico de doce semanas en nuestra iglesia que estaba pensado para ayudar a desarrollar líderes.

Aquellos fueron años maravillosos, y sin embargo fueron también algunos de los más dolorosos de mi vida. Quise abandonar muchas veces porque parecía que yo tenía un gran sueño y, sin embargo, todo lo que estaba sucediendo parecía muy pequeño, pero aquellas experiencias cumplieron un gran propósito en mi vida. San Agustín dijo: «Las pruebas llegan para probarnos y mejorarnos»,[3] y eso es muy cierto.

La carencia nos hace apreciar la abundancia.

Durante aquellos años, nuestra familia tenía necesidades financieras. Dios se aseguró de que tuviéramos lo suficiente para sobrevivir, pero no teníamos nada extra. También eso fue una prueba. Estábamos dando más que nunca, y sin embargo parecía que teníamos menos que nunca; pero, finalmente, Dios comenzó a producir aumento en nuestras finanzas. Hasta la fecha, sigo estando agradecida por los años de escasez que experimentamos porque aprecio profundamente todo lo que Dios nos da ahora. Creo que la carencia hace que todos apreciemos la abundancia.

Finalmente conseguí un empleo en una nueva iglesia local en nuestra ciudad, y trabajé allí por cinco años. Llegué a ser uno de los pastores asociados y tuve oportunidades de dar mucha enseñanza de la Biblia. Aquellos fueron también años de prueba, porque estaba aprendiendo a relacionarme con la autoridad y comportarme de modo piadoso cuando no estaba de acuerdo con quienes estaban

Debes aprender a vivir bajo autoridad antes de poder estar en autoridad.

en autoridad sobre mí. Durante aquellos años, Dios me enseñó más de lo que puedo expresar. Como los primeros cinco años de mi ministerio de enseñanza, fueron maravillosos y muy difíciles al mismo tiempo. También fueron vitalmente necesarios, porque yo tenía que aprender a estar bajo autoridad antes de poder estar preparada para estar en autoridad. Finalmente di el paso y comencé Joyce Meyer Ministries, y el ministerio ha ido creciendo gradualmente hasta lo que es ahora. Ha habido muchos periodos maravillosos y también difíciles, pero todos ellos han obrado para bien (Romanos 8:28).

La promesa que cambió mi vida

Un día, mientras leía Isaías 61:7, vi que Dios promete darnos una doble porción para reemplazar la vergüenza del pasado: «En vez de su vergüenza, mi pueblo recibirá doble porción; en vez de deshonra, se regocijará en su herencia; y así en su tierra recibirá doble herencia, y su alegría será eterna».

> *Dios promete una doble porción para reemplazar la vergüenza del pasado.*

Muchos versículos han sido transformadores para mí, e Isaías 61:7 es indudablemente uno de ellos. Me dio esperanza, y la esperanza es una cualidad vital que tener. Sin esperanza, el corazón se enferma (Proverbios 13:12).

Cuando tenemos esperanza, vivimos con la expectative de que Dios hará algo bueno por nosotros. La esperanza es un motivador muy poderoso. Cualquiera puede tener esperanza si quiere; lo único que se necesita es esperar (creer) que algo bueno puede sucederte en cualquier momento. Hubo muchos años en los que yo esperaba y esperaba a que sucediera la próxima cosa mala en mi vida. En realidad, tenía miedo de creer por cosas buenas, porque no quería quedar decepcionada. He cambiado, por la gracia de Dios, y ahora espero cosas buenas todo el tiempo, y te aliento a que hagas lo mismo.

Si te resulta difícil tener esperanza, comienza diciendo en voz alta varias veces al día: «Algo bueno va a sucederme, porque Dios es bueno». Descubrirás que, mientras más declares eso y lo medites en tu pensamiento, más creerás. Al hacer eso, estarás renovando tu mente (Romanos 12:2).

En la traducción que hace la versión Amplified Bible (en inglés) de Isaías 61:7, la frase «doble porción» reza «doble compensación». No oímos con demasiada frecuencia la palabra *compensación*, pero simplemente significa «recompensa». Cuando entendí lo que dice este versículo, me llené de la esperanza de que, de algún modo, Dios me compensaría por toda la angustia que atravesé durante los años de mi juventud. Él es un Dios de justicia, lo cual significa que Él endereza las cosas malas. Yo sabía que lo que mi padre me había hecho estaba mal, pero llegué a creer que Dios me lo compensaría.

Cuando busqué promesas similares a Isaías 61:7, encontré Job 42:10: «Después de haber orado Job por sus amigos, el Señor lo hizo prosperar de nuevo y le dio dos veces más de lo que antes tenía». Parece que nadie en el mundo lo había pasado tan mal como el pobre Job, que experimentó una calamidad tras otra (Job 1:13–19; 2:7–9), pero Dios le dio el doble a cambio de sus problemas. Eso sucedió después de haber orado por sus amigos que no lo trataron bien. Necesitaba que ellos lo consolaran, pero en cambio lo culparon de sus problemas. Podemos ver entonces que cualquiera que quiera la doble bendición no puede tener falta de perdón en su corazón. Yo tuve que perdonar a mi papá y mi mamá, y también tú tendrás que perdonar a cualquier persona contra la que tengas algo en tu corazón si quieres ser bendecido.

Otro pasaje que habla de una doble bendición es 2 Reyes 2:1–12. En él leemos que Eliseo recibió una doble porción de la unción de Elías porque la pidió y fue leal a Elías hasta el final de su vida.

Proverbios 6:30–31 nos enseña que hay incluso una séptuple bendición. Si alguien nos roba algo, este pasaje enseña que, cuando lo agarren, tendrá que pagar siete veces más de lo que robó. Eso también me consuela, porque algunas veces hubo personas que me arrebataron cosas, y siempre oro por ellas y reclamo la séptuple restitución.

En los primeros tiempos de nuestro ministerio en la televisión, nuestro programa se emitía una vez por semana en una estación muy grande y próspera. De repente, un día nos eliminaron de la programación, sin darnos ninguna explicación excepto que estaban haciendo cambios en su programación. Sentí que se me partía el corazón porque esa estación llegaba a más personas que cualquier otra que también emitía nuestros programas, y no estábamos en muchas en aquella época.

Me sentía enojada y herida, pero Dios nos dijo que le entregáramos a Él la situación, dejáramos que la manejara, y perdonáramos a esas personas. Lo hicimos, y cerca de un año después acudieron a nosotros y nos pidieron que estuviéramos en su canal diariamente: exactamente una séptuple compensación.

He acudido a Isaías 61:7 muchas veces a lo largo de los años cuando me he sentido desalentada. Cada vez, este versículo y otros parecidos me alentaron a seguir creyendo que Dios hará grandes cosas en mi vida.

Sorprendida

Estoy sorprendida por lo que Dios ha hecho por mí. Cuando miro dónde comencé y dónde estoy ahora, es casi demasiado bueno para ser cierto. Comparto contigo esta historia para que creas que pueden sucederte el mismo tipo de cosas a ti también. La Palabra de Dios ha sido verdad en mi vida. Tengo favor, puertas abiertas de oportunidad, y un programa de televisión que se emite en más de cien idiomas en dos terceras partes del mundo. He escrito 146 libros, de los cuales cientos de miles de ejemplares han sido vendidos o regalados a personas en necesidad en todo el mundo. Puedo ayudar a personas que sufren y hacer que sus vidas mejoren al enseñarles la Palabra de Dios. Mi historia, que fue tan doloroso para mí experimentar, ahora da esperanza a las personas, y me alegra que Dios permitiera que la atravesara en lugar de librarme de ella. Tú también puedes descubrir que una situación que ahora consideras tu peor enemigo será algún día tu mejor aliado.

> *Algo que ahora consideras tu peor enemigo puede que algún día sea tu mejor aliado.*

Mi desorden se ha convertido en mi mensaje y mi

ministerio, y eso les ocurre a muchas personas si lo permiten. Me ocurrió a mí, le ocurrió a Sawyer, y puede ocurrirte a ti. Esta es la historia de Sawyer:

Mi desorden se convirtió en mi ministerio

Algunas veces, se requiere un poco de tiempo para ver cómo Dios hará algo en nuestras vidas. Para mí, fueron necesarias casi dos décadas.

Todo comenzó para mí cuando tenía solo cuatro años de edad. Recuerdo sentarme en el nuevo apartamento de mi papá, haciendo todo lo posible por escuchar mientras él me explicaba una nueva realidad: ya no quería seguir viviendo con nosotros, así que en cambio yo lo visitaría con frecuencia.

Las cosas fueron bien al principio, pero a lo largo de los años fueron empeorando cada vez más. Un día, mi papá me dijo que ya no creía en Dios y que yo tampoco debería hacerlo. En otra ocasión me dijo que mi mamá estaba loca y que no debería criarme. Mentía, inventaba historia, y me dijo que yo era una egoísta por no creer lo que él me decía que creyera. A veces gritaba.

La mayor parte de mi niñez estuvo llena de dudas: dudas sobre mí misma, mi vida, y mi fe. A medida que el abuso verbal y emocional aumentó con el tiempo, cuestioné por qué Dios permitía que estuviera en esa situación, un mes tras otro y un año tras otro. Quería saber cuál era el plan.

Recuerdo el día en que recibí mi respuesta. Era mi último año de la secundaria. Cuando salí de la escuela para regresar a casa ese día, vi a una de mis compañeras de clase sentada en una mesa llorando. Resultaba que su padre abusaba verbalmente de ella, le gritaba constantemente, y le decía que no valía para nada. Sus padres estaban divorciados, y como ella no tenía todavía los dieciocho años, tenía que seguir cumpliendo con el plan de visitas. Se sentía atrapada.

Aquella fue la primera vez que pude consolar a alguien con mi historia, dejarle saber que no estaba sola, y decirle que Dios podía tomar algo terrible y redimirlo de un modo que produjera consuelo y sanidad a otra persona.

A medida que han pasado los años, Dios me ha puesto en los lugares correctos en los momentos adecuados para ayudar con mi historia a muchas personas con necesidad. Le doy gracias cada día porque, cuando casi perdí la fe en Él, Él nunca perdió la fe en mí.

Dios nos ha permitido a Sawyer y a mí ayudar a personas que enfrentan situaciones como las que nosotras atravesamos. A pesar de cuán grandioso es eso, más importante aún es la relación que tenemos con Dios por medio de Jesús.

Yo ya no me siento culpable todo el tiempo. Cuando peco, soy capaz de arrepentirme rápidamente, recibir perdón, y no sentirme cargada de culpabilidad que Jesús ya ha tomado mediante su sacrificio en la cruz. Sé con seguridad que Dios me ama incondicionalmente, y creo verdaderamente que, a pesar de lo que suceda, Él hará que eso obre para mi bien.

Quiero que tú te emociones al leer este libro. Es un libro que habla de atravesar pruebas y problemas, pero también es un libro que habla de que los momentos difíciles pueden acercarte más a Dios de lo que podrías imaginar nunca, y que puedes recibir bendición en medio de tu desorden.

Para experimentar bendición en medio de tu desorden, tendrás que tomar algunas decisiones y emprender algunas acciones que no serán fáciles. Esto incluye mantener una buena actitud durante los problemas, estar agradecido cuando no parezca haber nada por lo que estarlo, perdonar a personas que no merecen ser perdonadas o que han abusado de ti, te han herido, o te abandonaron, ser paciente, mantener una actitud positiva, y tomar otras decisiones de las que leerás más adelante en este libro. Los ajustes que tal vez tengas que hacer llegarán en diversas formas y en muchas situaciones, pero la doble bendición valdrá la pena.

La cita de Camille Pissarro al inicio de este capítulo dice: «Dichosos los que ven cosas hermosas en lugares humildes donde otras personas no ven nada».

Dios nos ofrece tesoros en la oscuridad.

Somos bendecidos cuando podemos enfrentar nuestro dolor y nuestros problemas y saber en lo profundo del corazón que Dios sacará algo bueno de ellos. Ciertamente, las personas que tienen problemas y nada más que oscuridad y angustia son las más tristes, pero Dios nos ofrece tesoros en la oscuridad: esperanza, fe, y una doble bendición. ¡Qué modo de vivir tan emocionante!

> ¡Regresen al refugio, ustedes, prisioneros, que todavía tienen esperanza! Hoy mismo prometo que les daré dos bendiciones por cada dificultad.
>
> Zacarías 9:12 NTV

CAPÍTULO 2

¿Quién creó este desorden?

No se puede eludir la responsabilidad del mañana evadiéndola hoy.

Abraham Lincoln[4]

La vida puede convertirse en un desorden por todo tipo de razones y de maneras muy diferentes. Las personas utilizan a menudo la palabra *problemas* para describir su desorden, su dolor, o un estrés en particular en su vida. Puede que digan: «Estoy teniendo problemas en el trabajo». «Tengo problemas para criar a un hijo adolescente». «Estoy teniendo problemas para seguir adelante tras el divorcio». «Tengo problemas financieros». «Tengo un poco de problema con mi presión sanguínea». La Biblia sí que menciona la palabra *problemas*, junto con varias aflicciones concretas que podemos enfrentar. Dependiendo de la traducción que leamos, también se refiere a las dificultades con otros términos, entre los que se incluyen *pruebas, tentación, adversidad, tribulación, aflicción, persecución*, y *sufrimiento.*

Todos los problemas nos prueban. Prueban nuestro carácter y determinación de servir a Dios. El apóstol Santiago escribe que debemos considerarnos dichosos cuando enfrentemos pruebas (Santiago 1:2). ¿Por qué deberíamos estar dichosos en medio de las pruebas y aflicciones? Santiago 1:3–4 dice que producirán paciencia y constancia en nosotros, y cuando la paciencia y la constancia hayan terminado su trabajo, seremos personas maduras y completas, sin que nos falte nada de lo que necesitemos en la vida.

Dios usa nuestros problemas para probarnos y madurarnos.

Dios no causa nuestros problemas, pero sí los usa para

probarnos y madurarnos. Estoy segura de que la mayoría de nosotros admitiría que hemos crecido espiritualmente más durante los momentos difíciles que mediante los fáciles. Crecemos durante los tiempos difíciles porque nos fuerzan a usar nuestra fe y buscar a Dios como nunca antes. Cuando ejercitamos nuestra fe en Dios, aumenta. Comenzamos con poca fe, pero, a medida que la usamos, nuestra fe puede crecer para hacerse grande y fuerte. Mientras más grande sea nuestra fe, menos nos molestarán las pruebas y tribulaciones. Aprendemos de la Palabra de Dios y de las experiencias de la vida (Proverbios 3:13), y cada vez que atravesamos algo difícil y no nos damos por vencidos, vemos que Dios es bueno y fiel y que podemos confiar en Él. También aprendemos que somos más fuertes de lo que creíamos que éramos, y que todos los problemas finalmente llegan a su fin.

La madurez incluye tomar la responsabilidad de los desórdenes en nuestra vida. Cuando digo que deberíamos tomar la responsabilidad de los desórdenes, no me refiero necesariamente a que los problemas que tengamos son culpa nuestra. Podría ser, pero puede que no sea así. Satanás nos ataca, Dios nos prueba, y vivimos en un mundo malvado y lleno de pecado que causa dificultades de todo tipo, algunas de las cuales no podemos evitar. Sin embargo, a pesar de cuál sea la fuente de nuestro problema, debemos tomar la responsabilidad de enfrentarlo y atravesarlo de modo piadoso. Si hemos pecado, deberíamos admitirlo y arrepentirnos, lo cual significa que cambiamos nuestra mente para mejor y nos dirigimos en

La madurez incluye tomar la responsabilidad de los desórdenes en nuestra vida.

otra dirección (la dirección piadosa). Cuando pecamos y nos arrepentimos, Dios no solo nos perdonará, sino que también nos ayudará a lidiar con el problema.

La inclinación natural de las personas es culpar a otros de sus problemas o su mala conducta. Yo lo hice por años, y únicamente me mantuvo en el mismo lugar, haciendo lo mismo una y otra vez sin llegar a ninguna parte. Jesús dice: «la verdad los hará libres» (Juan 8:32). Sin embargo, para que eso suceda debemos recibir la verdad, aplicarla a nosotros mismos, y dejar de poner excusas y culpar a los demás de nuestra mala conducta.

Mediante muchos años de práctica, yo me convertí en una experta en evitar y evadir la verdad acerca de mi conducta. Siempre que me comportaba mal, en mi mente era siempre la culpa de otra persona. Razonaba que, si esa persona hubiera hecho algo de modo diferente, yo no me habría molestado y comportado mal. Me tomó mucho tiempo comprender que yo era responsable de mí misma y de mi conducta, y que a pesar de lo que hiciera otra persona, Dios seguía esperando de mí que me comportara de modo piadoso. La verdad es que crecemos espiritualmente cuando obedecemos a Dios incluso cuando no es cómodo o conveniente.

Crecemos espiritualmente cuando obedecemos a Dios incluso cuando no es cómodo o conveniente.

¿Quieres crecer espiritualmente y llegar a ser espiritualmente maduro? En ese caso, hay una sola opción, que es obedecer a Dios sin importar si la obediencia es fácil o difícil.

El hecho de que Dios nos pida que tomemos decisiones piadosas mientras los demás parecen hacer lo contrario puede parecer injusto; sin embargo, eso es lo que Jesús hizo por nosotros, y debemos seguir sus pasos. Sin importar lo que hagan los demás, incluso cuando sea equivocado, seguimos siendo responsables de hacer lo correcto. Cada uno de nosotros comparecerá delante de Dios y dará cuentas de su vida, no dará cuentas de las decisiones de otras personas.

Muchas personas tropiezan en su caminar con Dios cuando sienten que no deben actuar de modo piadoso mientras otras personas no lo hagan. Se niegan a hacer su parte a menos que la otra parte involucrada haga la suya. «No es justo» se convierte en una excusa para no obedecer a Dios y no cambiar. Dios no quiere excusas; Él quiere obediencia. Esperar a que otra persona haga el primer movimiento en la dirección correcta revela inmadurez espiritual. Yo creo que la persona que primero se disculpa o dice «lo siento» es la que muestra más madurez espiritual. Romanos 12:18 dice: «Si es posible, y en cuanto dependa de ustedes, vivan en paz con todos». Haz todo lo posible por estar en paz con las personas, y trabaja para mantener fuera de tu vida toda lucha y conflicto.

Aprender que no tenía que *querer* hacer lo correcto a fin de hacerlo me ha ayudado mucho. Podemos sentir que una situación es injusta y aun así tomar la decisión que sea correcta para nosotros. Podemos sentir que lo que Dios está pidiendo de nosotros es demasiado difícil, pero aun así obedecer. Nuestros sentimientos importan y son una gran parte

> *Puedes sentir que lo que Dios está pidiendo de ti es demasiado difícil, pero aun así obedecerlo.*

de nuestra vida, pero no podemos tomar nuestras decisiones de acuerdo a ellos porque no son confiables.

Tal vez eso no te ha ocurrido nunca, pero Jesús no quería ir a la cruz y sufrir como lo hizo. Mientras oraba en el Huerto de Getsemaní le pidió a Dios que, si era posible, pasara de Él esa copa de sufrimiento (Mateo 26:39). También le dijo a Dios: «Pero no sea lo que yo quiero, sino lo que quieres tú». Entonces, en el versículo 42 leemos: «Apartándose de nuevo, oró por segunda vez, diciendo: «Padre Mío, si esta copa no puede pasar sin que Yo la beba, hágase Tu voluntad» (NBLA). Básicamente, estaba diciendo: «No quiero hacer esto, pero, Padre, quiero lo que tú quieras mucho más de lo que yo quiero». Deberíamos tener esa misma actitud cuando se trata de obedecer a Dios.

Culpar a otros ha existido por mucho tiempo

Culpar a otras personas de nuestros pecados ha existido desde el inicio del tiempo. Adán y Eva lo hicieron en el jardín del Edén. Satanás tentó a Eva, y cuando Dios la confrontó, ella culpó a la serpiente. Adán culpó a Eva de su pecado e incluso culpó a Dios por habérsela dado (Génesis 3:12-13). Sin embargo, Dios castigó a Adán, a Eva y a la serpiente, de modo que parece que todos ellos tenían cierta responsabilidad. A menos que tomemos responsabilidad por nuestras acciones, nunca seremos libres de sus consecuencias.

A menos que tomes responsabilidad por tus acciones, nunca serás libre de sus consecuencias.

Una situación similar a la de Adán y Eva tuvo lugar con

Abram y Sarai (llamados más adelante Abraham y Sara). Dios les había prometido un hijo (Génesis 15:1–4; 17:15–16, 19), pero cuando se cansaron de esperar a que se cumpliera la promesa, se ocuparon ellos mismos del asunto. Sarai entregó a su sirvienta Agar a su esposo como segunda esposa para así poder reclamar como propio el hijo que tuviera Agar. Cuando Agar quedó embarazada menospreciaba a Sarai, y Sarai culpó a Abram de la ofensa que sufría (Génesis 16:1–5). Eso es asombroso, porque fue Sarai quien trazó ese plan y convenció a Abram para que lo siguiera. Entonces, cuando salió mal, lo culpó a él.

Durante años yo culpé de mi conducta poco piadosa al hecho de que había sido sexualmente abusada por mi padre. Aunque ese abuso sí que causó enojo, autocompasión, egoísmo, celos, inseguridad, y otras consecuencias negativas, no podía seguir utilizándolo como excusa para seguir comportándome erróneamente si quería ser libre de mis acciones disfuncionales.

Cuando Adán y Eva entendieron que habían pecado, se escondieron de Dios (Génesis 3:8). Jonás no quiso predicar al pueblo de Nínive, e intentó ocultarse de Dios (Jonás 1:1–3). Pero el resultado fue que un gran pez se lo tragó y permaneció dentro del pez por tres días hasta que se arrepintió (Jonás 1:17; 2:1–9). Escondernos o huir de nuestros problemas nunca obra para nuestro beneficio. Solamente aumenta nuestros problemas hasta que nos humillamos a nosotros mismos y obedecemos a Dios.

> *Esconderte de tus problemas nunca obra para tu beneficio.*

Ser responsables hace que enfrentemos o lidiemos con una

situación, o rindamos cuentas de algo. Tomar responsabilidad es difícil. Decir: «Esto es culpa mía, y tomo la responsabilidad de ello» es humillante, pero es también el primer paso hacia la libertad, incluso si lo admitimos solamente ante nosotros mismos y ante Dios.

En raras ocasiones tomamos responsabilidad de nuestros desórdenes. Por ejemplo, si tenemos sobrepeso decimos que se debe a que nuestro metabolismo es lento o porque tenemos un desequilibrio químico, incluso si no tenemos ningún diagnóstico. Pocas veces simplemente admitimos que comemos demasiado y hacemos muy poco ejercicio. A medida que envejecemos, nuestro metabolismo sí que es más lento, y tenemos que ajustar lo que comemos. He leído que cada diez años nuestro metabolismo se ralentiza y perdemos algo de masa muscular, de modo que tenemos que compensar todo eso comiendo menos o haciendo más ejercicio.

Con respecto al peso, hay situaciones en las que tener sobrepeso es el resultado de seguir una medicación, un problema genético, un desequilibrio hormonal, problemas de tiroides, o alguna otra causa; sin embargo, a menudo es el resultado simplemente de comer más de lo que deberíamos. Cuando ese es el caso, admitirlo ante nosotros mismos es lo mejor que podemos hacer. Tal vez sea difícil, pero simplemente porque algo es difícil no significa que no podamos hacerlo.

En una ocasión leí que solamente un necio cree que siempre puede hacer lo que ha hecho siempre, y me gusta esa afirmación. Me enseñó mucho porque lo leí en un momento en el que necesitaba hacer algunos cambios de estilo de vida y no quería admitir ante mí misma que simplemente no podía hacer lo que siempre había hecho.

No puedo comer tanto como comía cuando tenía veinticinco años y mantener el mismo peso. Puse excusas por mucho tiempo, y finalmente enfrenté la verdad. Ahora como un poco menos. No puedo trabajar tan duro como antes lo hacía a menos que quiera enfermarme; por lo tanto, ahora trabajo, pero también tomo tiempo para descansar y recuperarme después de periodos de trabajo duro.

Otro ejemplo de no tomar responsabilidad tiene que ver con las finanzas. Las personas tal vez culpan de sus problemas financieros a su jefe por no pagarles suficiente dinero, o puede que culpen al mundo y a los altos precios. Algunas personas culpan al diablo y dicen que les está atacando cuando batallan financieramente; pero, en realidad, las personas simplemente puede que estén gastando por encima de sus posibilidades, o que no estén dando lo que deberían dar a la obra de Dios.

Antes de culpar a cualquier otra persona de nuestros problemas, pidamos a Dios que nos muestre si hemos abierto una puerta al problema. Esto es importante no para que nos sintamos culpables, sino para que podamos hacer lo que sea necesario para mejorar la situación.

¿Dónde se fueron todas las personas responsables?

Uno de los mayores problemas en nuestro mundo actualmente es que hay muchas personas que no se responsabilizan de sí mismas. Quieren que otra persona se haga cargo de ellas. Ese es uno de los mayores errores que puede cometer una persona. No podemos tener respeto por nosotros

No puedes tener respeto por los demás a menos que te responsabilices de ti mismo.

mismos o por los demás a menos que nos responsabilicemos de nosotros mismos.

Ser responsable era anteriormente parte de ser honorable y de tener buen carácter, pero la mayoría de las personas no valoran estas cualidades como se hacía hace años atrás. Algunas personas quieren hacer lo que les plazca, evitar el trabajo duro y la responsabilidad, y después que otra persona limpie los desórdenes que causan a lo largo del camino.

Muchas veces, los jóvenes adultos quieren tomar sus propias decisiones; entonces, cuando se meten en problemas porque han tomado malas decisiones, quieren que sus padres solucionen los problemas que ellos crearon. Todos queremos ayudar a nuestros hijos si lo necesitan, pero rescatarlos no siempre les ayuda.

Necesitamos ser responsables de tener nuestro trabajo listo a tiempo, hacer un buen trabajo mientras estamos en ese puesto, ocuparnos de nuestras posesiones, pagar nuestras facturas a tiempo, no gastar más de lo que ganamos, y decenas de otras cosas. Cuando hacemos lo correcto, disfrutaremos de nuestra vida. Cuando no lo hacemos, nosotros mismos nos causaremos desórdenes. Dios es misericordioso, y podemos recuperarnos de las malas decisiones, pero nuestro primer paso hacia la recuperación es hacernos responsables de esas decisiones. Entonces, deberíamos comenzar a hacer regularmente lo correcto. Toda buena decisión que tomemos nos ayudará a recuperarnos de una mala que tomamos en el pasado.

Incluso nuestros errores pueden ser valiosos si aprendemos de ellos. En todas las cosas, Dios obra para el bien de aquellos que lo aman y son llamados conforme a su propósito (Romanos 8:28). Es una promesa maravillosa, y una de las maneras en que se nos asegura que podemos recibir bendición en nuestro desorden. Yo he visto a Dios tomar mis desórdenes y convertirlos en mensajes que han ayudado a muchas personas en muchas ocasiones. Él no desperdicia nada, y utilizará incluso nuestros errores para nuestro bien si confiamos en que Él lo hará.

Recientemente tomé una decisión emocional en lugar de tomar una decisión sabia, y eso causó mucho trabajo para mí y para algunas otras personas. Si hubiera tomado una mejor decisión, el trabajo extra se habría evitado. Cuando la situación no funcionó y yo tuve que tomar la responsabilidad de que no había ido bien, fui tentada a sentirme culpable. Sin embargo, he estado rodeando ese monte anteriormente en mi vida, y sé que la culpabilidad no hace ningún bien y no es la voluntad de Dios. Me arrepentí y me disculpé ante las personas afectadas negativamente por mi decisión, y entonces lo conté como una buena lección, una lección que espero haber aprendido lo bastante bien para no volver a repetir. Sé que introduciré la historia en un mensaje en televisión, y espero que ayudará a muchas otras personas a no cometer el mismo error que yo cometí. Entonces, lo que Satanás quiso para hacer daño, Dios lo transformará para bien (Génesis 50:20).

Postergación

Tener intención de obedecer a Dios más adelante no es obediencia; es postergación, y es un problema. Hageo 1:2–6 presenta un buen ejemplo del tipo de problemas que causa la postergación. Dios le había dicho al pueblo que reconstruyera su casa, pero ellos siguieron posponiéndolo mientras construían sus propias casas y permitían que la casa de Dios permaneciera en ruinas. Plantaban mucho, pero cosechaban poco. Comían, pero nunca tenían suficiente. Se ponían ropa, pero no se calentaban. Ganaban salarios solamente para poner su dinero en una bolsa que tenía agujeros. Estoy segura de que se quejaban, igual que lo hacemos nosotros cuando nuestras circunstancias no son buenas, pero Dios les dijo que «reflexionaran» sobre sus caminos y comenzaran a construir su casa, tal como Él les había dicho que hicieran (Hageo 1:7–8). Hageo 1:2 en la versión Amplified Bible (en inglés) dice que Dios les había dicho que construyeran su casa dieciocho años antes. Eso es mucho tiempo para postergar y ser desobediente.

Tener intención de obedecer a Dios más adelante no es obediencia; es postergación.

La postergación es engañosa, porque tendemos a pensar que planear obedecer a Dios es lo mismo que obediencia; pero no lo es. No hemos obedecido hasta que realmente hayamos hecho lo que Él nos pide que hagamos. ¿Hay algo en tu vida que estás postergando hasta otro momento? ¿Necesitas perdonar a alguien? ¿Necesitas disculparte ante alguien? ¿Necesitas cumplir una promesa que le hiciste a Dios? En ese caso, te insto a que dejes de postergarlo y lo hagas ahora.

Dios es galardonador

Dios recompensa a quienes lo obedecen. Incluso si hemos hecho algo equivocado y hemos causado un desorden,

El deseo de Dios es recompensar, no castigar.

podemos arrepentirnos, cambiar nuestra mente para mejor, ir en la dirección correcta, y aun así ser bendecidos. Una de las recompensas que recibimos cuando tomamos buenas decisiones es que nos sentimos completamente satisfechos y saciados (Mateo 5:6). Dios recompensa a quienes lo buscan con sinceridad (Hebreos 11:6). Dios es galardonador, y su deseo es recompensar y no castigar. Sin embargo, como nos ama, nos corregirá si ese es el único modo de poder tener nuestra atención. Podemos aprender a cambiar nuestros caminos antes de que sea necesaria la disciplina si prestamos atención a la Palabra de Dios y a su Espíritu.

Otro modo en que Dios recompensa por la obediencia es con la oración respondida (1 Juan 3:22). Todo aquel que escuche al Señor «vivirá tranquilo, sosegado y sin temor del mal» (Proverbios 1:33). Eso no significa que nunca tendremos dificultades en nuestras vidas, sino que Dios nos liberará de esas dificultades a su debido tiempo si confiamos en Él.

¿Es equivocado esperar una recompensa por obedecer a Dios? En absoluto, especialmente porque Él ya lo ha prometido. Aunque Dios ha prometido recompensas, aun así, necesitamos liberar nuestra fe para recibirlas. Dios tuvo que recordarme recientemente que no podemos suponer simplemente que sus promesas se cumplirán automáticamente en nuestras vidas. Recibimos todas las cosas de Dios por la fe, y la fe es una fuerza que necesita ser liberada. Es liberada mediante la oración, declarando la Palabra de Dios, y emprendiendo la acción inspirada por Dios. No estoy sugiriendo que obedecemos a Dios solamente para obtener una recompensa. Deberíamos obedecerlo porque lo amamos y lo respetamos. Sin embargo, como sí promete recompensas por la obediencia a Él, deberíamos liberar nuestra fe y pedirle esas recompensas.

> Porque Dios no es injusto como para olvidarse de las obras y del amor que, para su gloria, ustedes han mostrado sirviendo a los santos, como lo siguen haciendo.
>
> Hebreos 6:10

Tal vez estés pensando: *Joyce, ¿quieres decir que puedo causar un gran desorden en mi vida y Dios aun así me bendecirá?* Sí, Él lo hará si te arrepientas sinceramente, tomas la responsabilidad de tu desorden, y obedeces lo que Él te pida que hagas para arreglarlo. El apóstol Pedro negó conocer a Cristo, y después se arrepintió y llegó a convertirse en uno de los mayores apóstoles de Cristo de toda la historia. Pablo (anteriormente Saulo) perseguía a los cristianos, y después de arrepentirse sirvió a Dios con todo su corazón y escribió aproximadamente dos terceras partes de Nuevo Testamento. La Biblia está llena de personas que causaron grandes desórdenes en sus vidas, pero tomaron la responsabilidad, se arrepintieron, y terminaron siendo bendecidas. Lo mismo puede sucederte a ti.

CAPÍTULO 3

Tormentas y arco iris

Cuanto más te gusten los arco iris, más tormentas tendrás que soportar.

Matshona Dhliwayo[5]

A la mayoría de nosotros nos gustan los arco iris, pero no nos gustan las tormentas; sin embargo, los arco iris aparecen solamente después de lluvias o tormentas. Un arco iris representa la promesa de Dios de que la tierra nunca jamás será destruida por un diluvio. Él hizo esta promesa a Noé después del diluvio que está registrado en el libro de Génesis:

> He colocado mi arco iris en las nubes, el cual servirá como señal de mi pacto con la tierra. Cuando yo cubra la tierra de nubes, y en ellas aparezca el arco iris, me acordaré del pacto que he establecido con ustedes y con todos los seres vivientes. Nunca más las aguas se convertirán en un diluvio para destruir a todos los mortales. Cada vez que aparezca el arco iris entre las nubes, yo lo veré y me acordaré del pacto que establecí para siempre con todos los seres vivientes que hay sobre la tierra.
>
> Génesis 9:13–16

Todo el mundo enfrenta tormentas en la vida (problemas, dificultades, situaciones dolorosas, tiempos de prueba, y cosas similares) de vez en cuando; sin embargo, hay un arco iris, que simboliza una bendición, al final de cada tormenta si la atravesamos a la manera de Dios, pero tenemos que atravesar la tormenta para llegar a la bendición. David le dice a Dios en Salmos 23:4 (NTV): «Aun cuando yo pase por el valle más oscuro, no temeré, porque tú estás a mi lado». En este salmo, David también dice que Dios dispone una mesa delante de él en presencia de sus enemigos y que su copa está llena a rebosar (Salmos 23:5). Él estaba siendo bendecido en medio del desorden. Cuando tienes problemas, no te enfoques solamente en el problema sino busca también las bendiciones en tu vida.

Observemos que David menciona pasar *por* «el valle más oscuro». Él no fue liberado de eso, pero Dios estaba con él y lo bendijo.

Yo oré muchas veces para que Dios me sacara del abuso infantil que sufría, pero Él no lo hizo; sin embargo, me ayudó en medio de la situación y he salido victoriosa. ¿Por qué no me liberó? Solamente Dios conoce la plenitud de la respuesta a esa pregunta, pero lo que sé es que, si Él me hubiera liberado, probablemente no podría ayudar a tantas personas como las que ayudo ahora. Mi dolor ha sido convertido en beneficio para otras personas. Yo podría haber estado amargada, y lo estuve por muchos años, pero aprendí que Dios tenía un plan mejor. Cuando solté la amargura, Él me dio algo mucho mejor. Me dio bendición.

La sanidad que necesitaba en mi alma tomó cierto tiempo, pero Dios me dio la gracia para no tirar la toalla. Como mencioné previamente, Isaías 61:7 fue una de las promesas bíblicas a las que me agarré durante aquel tiempo. «En vez de su vergüenza, mi pueblo recibirá *doble porción*; en vez de deshonra, se regocijará en su herencia; y así en su tierra recibirá doble herencia, y su alegría será eterna» (énfasis de la autora). Atesoro esta promesa que dice que Dios nos dará una doble bendición a cambio de nuestros problemas y que nos dará alegría.

Me encanta hablar sobre las promesas de Dios, pero también es importante aclarar a lo que me refiero cuando digo que Dios te bendecirá en medio de tu desorden si haces las cosas a su manera. ¿Cuál es «su manera»? Una parte importante y necesaria de su manera es perdonar a las personas que te han hecho daño. Eso es con frecuencia muy difícil de hacer. ¿Por qué? Porque a menudo no creemos que las personas que nos dañaron merezcan ser perdonadas. Pero ¿merecemos nosotros el perdón que Dios nos otorga misericordiosamente? No, claro que no. Él no nos pide que hagamos por otros ninguna cosa que Él no haga por nosotros.

Aunque tus enemigos tal vez no merecen tu perdón, tú mereces paz, y puedes darte paz a ti mismo obedeciendo a Dios y confiando en Él para recibir la bendición debida.

Yo tuve que perdonar a mi padre por abusar de mí y a mi madre por permitir el abuso, y tuve que estar dispuesta a orar por ellos y bendecirlos. Dios me pidió que me ocupara de ellos en su vejez, y aunque yo no quería hacerlo, lo hice en obediencia a Él. Ahora sé que asegurarme de que ellos estuvieran bien cuidados fue una de las cosas más poderosas espiritualmente que he hecho jamás. Cuando eres bueno con alguien que realmente te ha herido, eso desarma al diablo. Él quiere que odiemos a nuestros enemigos, pero Jesús dice que los amemos y les hagamos bien: «Pero a ustedes que me escuchan les digo: Amen a sus enemigos, hagan bien a quienes los odian, bendigan a quienes los maldicen, oren por quienes los maltratan» (Lucas 6:27–28).

> *Ser bueno con alguien que te ha herido desarma al diablo.*

Como muchos otros principios piadosos, perdonar y

bendecir a quienes nos han hecho daño parece que no tiene sentido; sin embargo, cuando somos buenos con las personas que creemos que no lo merecen, nos estamos comportando como lo hace Dios. Solamente Dios puede darnos la capacidad de hacerlo. Yo no podría haberme ocupado de mis padres si Él no me hubiera dado la gracia para hacerlo.

Uno de los motivos para escribir este libro es que tú creas que al final de cada tormenta encontrarás un arco iris (bendición). Pero siempre tengo que añadir: «si haces las cosas a la manera de Dios». Muchas personas quieren las bendiciones de Dios, pero no quieren obedecerlo especialmente cuando Él les pide que hagan algo difícil.

¿Qué te parecería recibir el doble de lo que perdiste? La mayoría de nosotros tuvimos ocasiones en las que realmente necesitábamos que nuestros amigos nos consolaran, pero en cambio ellos nos criticaron. Si te ha sucedido algo como eso, asegúrate de orar por tus amigos para que Dios pueda liberar una doble bendición en tu vida. En la historia de Job en el Antiguo Testamento, la cual mencioné anteriormente, Job necesitaba que sus amigos lo consolaran, pero en cambio lo acusaron. Él los perdonó y oró por ellos, y Dios le dio el doble de lo que había perdido.

Comienza desde hoy mismo a creer a Dios por una doble bendición en tu vida, y pregúntale si hay algo que necesites hacer para que esa bendición sea liberada. Mientras estemos amargados, no podemos mejorar. Debemos renunciar al resentimiento, la autocompasión, la falta de perdón, el enojo y el odio, y sustituirlos por oración y bendición. Confía en Dios,

> *No puedes mejorar cuando estás amargado.*

y mientras confías en Él haz el bien (Salmos 37:3). Ser una bendición para otros cuando estás sufriendo es un potente principio espiritual que derrota al diablo. Romanos 12:21 dice que «vencemos el mal con el bien».

Atravesar

Como mencioné, Dios no me liberó de mi situación, pero sí me ayudó a atravesarla. Hay muchas veces en la vida en las que tenemos que atravesar algo difícil, pero habrá una bendición al final de esa situación si no nos damos por vencidos o no nos negamos a obedecer a Dios.

Hebreos 6:11 dice: «Deseamos, sin embargo, que cada uno de ustedes siga mostrando ese mismo empeño hasta la realización final y completa de su esperanza».

Si atravesamos los tiempos difíciles que llegan a nuestro camino, al final disfrutaremos de la recompensa que Dios ha prometido. Sin embargo, si huimos de ellos, no creceremos espiritualmente. Probablemente tengamos que volver a pasar por esa prueba, y nos perderemos la bendición que Dios tenía en mente para nosotros. Hebreos 11:6 nos enseña que Dios bendice a «quienes lo buscan con sinceridad», o diligencia. Diligencia es persistencia en proseguir sin importar las circunstancias que intenten obstaculizarnos.

David tuvo que atravesar el valle de sombra de muerte, pero fue bendecido mientras sus enemigos observaban (Salmos 23:4–5). Daniel tuvo que entrar en el foso de los leones y pasar la noche confiando en Dios para que los leones no se lo comieran (Daniel 6:16). Dios envió un ángel para cerrar las bocas de los leones (Daniel 6:22). Al final de esta historia, el rey Darío quedó tan impresionado que decretó que en todo su reino las personas tenían que temer y reverenciar a Dios al que Daniel servía (Daniel 6:26). Cuando nosotros los cristianos somos amenazados, podemos ser tentados a ceder debido al temor a la pérdida, o el temor al dolor. Sin embargo, si nos mantenemos firmes, otros que ven nuestra firmeza y que son incrédulos podrían convertirse en creyentes. Entonces, en lugar de perder algo, ganaremos algo más debido a nuestra negativa a ceder.

Yo tengo un ejemplo personal que ilustra este punto. En una ocasión trabajé para una empresa cuyos dueños no eran cristianos. Yo era la contable, y parte de mi trabajo consistía en enviar a los clientes sus reportes al final del mes para que supieran cuánto debían a la empresa. Uno de los clientes había pagado en exceso accidentalmente. El curso de acción típico, y correcto, habría sido enviarle un cheque por ese sobrepago, pero mi jefe no quería hacer eso.

Me dijo que cargara esa cantidad en su crédito y le enviara un reporte indicando un balance cero. Yo sabía que eso estaba mal, y cuando me fui a casa batallé toda la noche intentando decidir qué hacer. En poco tiempo tendría que pagar al dentista 1200 dólares, y eso era *mucho* dinero. Sentía que no podía permitirme perder mi empleo. Además de eso, la ubicación de mi lugar de trabajo hacía fácil que Dave me llevara y me recogiera porque él trabajaba en la misma zona, y solamente teníamos un auto. Al meditar en la situación, el próximo gasto del dentista y la comodidad de mi lugar de trabajo eran dos razones importantes por las que no quería perder mi empleo. Tenía miedo a que, si me negaba a hacer lo que mi jefe me había pedido que hiciera, él me despidiera.

No dormí bien aquella noche. Sentía como si estuviera en el foso de los leones con Daniel. Después de pensar mucho en la situación, supe que tenía que hacer lo correcto. Decidí que, si me despedían, confiaría en que Dios me consiguiera otro empleo igual o mejor que el que tenía.

Fui a trabajar temprano la mañana siguiente, porque mi jefe generalmente llegaba temprano. Le pedí hablar con él, y le dije: «Yo soy cristiana, y no puedo enviar al cliente que pagó en exceso un reporte que nos haga parecer que no le debemos dinero, porque creo que eso no estaría bien».

Su cara se enrojeció, estoy segura que debido a una mezcla de enojo y vergüenza. Simplemente me dijo que regresara al trabajo. No me dijo nada más en todo el día, y yo esperaba con seguridad que acudiría a mi escritorio en cualquier momento y me despediría; sin embargo, Dios intervino y, en lugar de despedirme, mi jefe puso el reporte de ese cliente sobre mi escritorio y me dijo que le enviara un cheque.

Tres años después de ese incidente, fui ascendida gradualmente hasta llegar al punto en el que era la segunda persona al mando en la empresa. Una única persona con más autoridad de la que yo tenía era el jefe mismo. Mi decisión hizo que él me respetara y supiera que podía confiar en mí. Yo creía que tenía un desorden en mis manos cuando comenzó la situación, pero Dios me bendijo porque seguí sus principios de honestidad y verdad.

Si haces lo correcto, incluso si pierdes algo inicialmente, al final recibirás una doble bendición.

Recuerda siempre que, si haces lo correcto incluso si pierdes algo inicialmente debido a tu decisión, al final recibirás una doble bendición.

No cedas

En el Antiguo Testamento, Daniel podía haber evitado el foso de los leones interrumpiendo su costumbre diaria de orar a Dios tres veces al día, pero se negó a ceder. Incluso oraba con las ventanas abiertas porque era su hábito normal. El rey había ordenado que, por treinta días, las personas no podían orar a nadie excepto a él mismo, pero Daniel continuó orando a Dios como hacía previamente (Daniel 6:1–10). Con frecuencia, cuando nos negamos a ceder en nuestra fe, parece que sufriremos por nuestra decisión, pero Dios siempre nos da una bendición si nos mantenemos firmes.

Antes de que tenga lugar esta historia en el libro de Daniel, tres hombres hebreos llamados Sadrac, Mesac, y Abednego, fueron lanzados a un horno de fuego por negarse a adorar a un ídolo de oro que el rey Nabucodonosor de Babilonia erigió (Daniel 3:10–18). Durante el tiempo que estuvieron en ese horno ardiente, un cuarto hombre que parecía «un dios» estaba en el horno con ellos (Daniel 3:24–25). Cuando la puerta del horno fue abierta, el rey comprobó que no les había sucedido nada; ni siquiera olían a humo (Daniel 3:26–27). Nabucodonosor mismo había visto al cuarto hombre en el horno, y estoy convencida de que sabía que Dios les había enviado ayuda sobrenatural.

Cuando atraviesas dificultades, es entonces cuando tus ataduras son desatadas.

Otro punto que me gustaría establecer acerca de esta historia es que la Biblia dice que Sadrac, Mesac, y Abednego entraron en el horno atados, pero cuando el rey los vio estaban desatados, o como dice Daniel 3:25: «sin ataduras y sin daño alguno». Creo que, cuando atravesamos dificultades, es entonces cuando nuestras ataduras, las cosas que nos atan, son desatadas y somos hechos libres.

Cuando el rey Nabucodonosor vio que Dios había salvado a Sadrac, Mesac, y Abednego, alabó al Dios de ellos (Daniel 3:28). También decretó que nadie podía decir nada en contra de su Dios, porque ningún otro Dios podía salvar del modo en que su Dios los salvó (Daniel 3:29). Al final, Sadrac, Mesac, y Abednego fueron ascendidos (Daniel 3:30). Atravesaron la dificultad y, al final, fueron bendecidos. Espero que estés viendo el patrón de cómo Dios bendice a quienes se mantienen firmes en las tormentas de la vida y continúan obedeciéndolo a Él.

Enfrentar mis temores por mi familia

Anne es una mujer que soportó muchas dificultades al estar arraigada en el temor, pero Dios siguió bendiciéndola, aunque era un desorden mentalmente y emocionalmente. Ella no se rindió. Su determinación dio resultados, y ahora es libre. La siguiente es su historia:

> Amo a mis hijos. Muchas personas lo hacen, pero para una mujer que no sentía que tenía el conjunto de habilidades para ser una mamá amorosa, esa es una verdad buena y gloriosa, incluso un superpoder. Me crie en medio de una tormenta emocional; y yo misma me convertí en una. Estaba profundamente deprimida, enojada conmigo

misma, y amargada por los muchos desastres que había atravesado.

A lo largo de los años fui bendecida en muchos aspectos. Estudié en la universidad y me gradué. Dios habló a mi corazón, y me hice cristiana. Después de la universidad conseguí un empleo estupendo en mi área de estudio. Siete años después llegué al trabajo de mis sueños. Dios me estaba bendiciendo en medio de mi desorden, pero aun así seguía viendo todo lo negativo y nada de lo positivo. Me sentía profundamente inadecuada y quería «ser alguien», sin creer realmente que ya era «alguien» a quien Dios amaba.

Llevé todo mi desorden a un matrimonio de mucha bendición, y entonces, de repente, Dios me bendijo de nuevo. Casi como si fuera un relámpago, me quedé embarazada dos veces. Nacieron dos hermosas niñas con veintiún meses de diferencia. Sin problemas de salud y sin complicaciones. Dos bebés hermosas con ojos brillantes y preciosas sonrisas.

Aunque yo era un caos emocional, me negaba a ver mi estado emocional como una decisión que yo misma había tomado. La verdad era que, si yo estaba dispuesta, podía ser sanada y liberada. Eso es lo que Dios quería para mí, pero yo me consideraba una superviviente que logré salir adelante por mis propios medios. Por fuera, mi vida parecía principalmente serena, pero en mi interior la tormenta era muy fuerte. Y mi esposo se estaba cansando de esa meteorología tan incierta.

Mis hijas eran muy pequeñas, pero aun así podían leer las señales. Ellas necesitaban seguridad y no tormentas repentinas. Necesitaban un lugar pacífico y estable en el cual pudieran desarrollarse. Finalmente, llegué al punto en el que estaba preparada para dejar de poner excusas y comenzar a mejorar mi conducta.

A medida que estuve dispuesta a cambiar, Dios me liberó. A medida que me puse de acuerdo con su Palabra y solté mis heridas del pasado, Él me sanó. Al humillarme a mí misma, Él me levantó. Cuando escogí la fe por encima del temor, Él me alentó. A medida que declaraba en voz alta lo que Él quería para mí y para mi familia, Él me ayudó.

Ahora puedo confiar en Dios para tener su amor, gozo, paz, paciencia, benignidad, bondad, fe, mansedumbre y templanza (Gálatas 5:22-23). Mis hijas tienen una mamá que disfruta de ser mamá. En lugar de sentir temor por no estar capacitada para la tarea, incluso estoy agradecida por los retos que produce la maternidad porque sé que Dios me ayudará. Su amor incondicional es algo que nunca me faltará. Sigo cometiendo errores, y siempre lo haré, pero sé que Dios obrará en todo para mi bien. No hay nada que Él no haría por mí en medio de mi desorden. Y no hay nada que Él no hará por ti en medio del tuyo.

Pablo y Silas en la cárcel

Los primeros creyentes enfrentaron muchas dificultades, pero la buena actitud que mantuvieron mientras las atravesaban causaba a menudo que otras personas también creyeran. Creo que lo mismo sucedería hoy día si mantuviéramos una buena actitud en medio de nuestras batallas y fuéramos lo bastante fuertes espiritualmente como para no alejarnos de las dificultades.

Pablo y Silas se encontraron con una muchacha esclava que practicaba la adivinación (un medio oculto de descubrir conocimiento escondido, similar a la clarividencia). Mientras ella seguía a Pablo y Silas, gritaba: «Estos hombres son siervos del Dios Altísimo, y les anuncian a ustedes el camino de salvación» (Hechos 16:17). Aunque declaraba la verdad, molestó a Pablo porque atraía la atención hacia sí misma y hablaba por un espíritu equivocado. Pablo la soportó durante un periodo de tiempo, pero finalmente estaba tan molesto que se volteó a ella y ordenó al espíritu malo que saliera de ella en el nombre de Jesucristo (Hechos 16:18). Ante esa orden el espíritu salió, y los dueños de la muchacha se molestaron, porque ella les hacía ganar mucho dinero cuando este espíritu operaba a través de ella (Hechos 16:18–19). Agarraron a Pablo y Silas y los arrastraron hasta el mercado para llevarlos hasta las autoridades de la ciudad, y dijeron: «Estos hombres son judíos, y están alborotando a nuestra ciudad, enseñando costumbres que a los romanos se nos prohíbe admitir o practicar» (Hechos 16:20–21).

Los magistrados ordenaron que les arrancaran la ropa a Pablo y Silas, fueran azotados con varas, y metidos en la cárcel (Hechos 16:22–23). Antes de seguir avanzando, detente y piensa en cómo pudieron sentirse o lo que pudieron pensar. Estaban haciendo la voluntad de Dios y se encontraron golpeados y en la cárcel. En este punto, podrían haber desarrollado una mala actitud y estar amargados y resentidos. En cambio, tras los barrotes de la cárcel se pusieron a orar y a cantar himnos a medianoche (Hechos 16:25).

El carcelero había recibido instrucciones de custodiarlos con la mayor seguridad, de modo que hizo que los llevaran al calabozo interior y les sujetó los pies en el cepo (Hechos 16:23–24). Mientras ellos oraban y cantaban, los otros prisioneros los escuchaban (Hechos 16:25). Hechos 16:26–30 revela lo que sucedió después:

> De repente se produjo un terremoto tan fuerte que la cárcel se estremeció hasta sus cimientos. Al instante se abrieron todas las puertas y a los presos se les soltaron las cadenas. El carcelero despertó y, al ver las puertas de la cárcel de par en par, sacó la espada y estuvo a punto de matarse, porque pensaba que los presos se habían escapado. Pero Pablo le gritó: —¡No te hagas ningún daño! ¡Todos estamos aquí!
>
> El carcelero pidió luz, entró precipitadamente y se echó temblando a los pies de Pablo y de Silas. Luego los sacó y les preguntó:
>
> —Señores, ¿qué tengo que hacer para ser salvo?

¡Qué historia tan asombrosa! Debido a que Pablo y Silas permanecieron estables, perseveraron, confiaron en Dios, y atravesaron su dificultad con una buena actitud, sus acciones hicieron que el carcelero quisiera servir al Dios de ellos. Esto es indudablemente una bendición que provino de una tormenta. Creo que todos encontraremos bendiciones provenientes de las tormentas que atravesamos en la vida si las manejamos a la manera de Dios.

CAPÍTULO 4

Vencer pruebas y tentaciones

Las pruebas no deberían sorprendernos o causar que dudemos de la fidelidad de Dios. Más bien, deberíamos alegrarnos por ellas. Dios envía pruebas para fortalecer nuestra confianza en Él de modo que nuestra fe no flaquee. Nuestras pruebas nos hacen seguir confiando; queman la confianza en nosotros mismos y nos dirigen a nuestro Salvador.

Edmund Clowney[6]

Parte de la vida cristiana conlleva aumentar en nuestra fe y confianza en Dios y fortalecernos como creyentes. Eso sucede a menudo mediante tiempos de prueba y aflicción. Una de las bendiciones que Dios saca de nuestras batallas es la capacidad de ayudar a otros como resultado de lo que hemos atravesado. Para ayudar a las personas, hay veces en las que debemos atravesar dificultades y desórdenes personalmente para así poder entender verdaderamente y tener compasión de ellas. Podemos descansar en Dios si solamente creemos que, cuando nos llegan problemas, seremos más fuertes cuando terminen.

Lidiar con la dificultad es como levantar pesas en el gimnasio.

Lidiar con la dificultad es como levantar pesas en el gimnasio. Cuando comencé a hacer ejercicio con un entrenador, solo podía levantar cinco kilos. Después de un tiempo, él me dio siete kilos, y al principio ese peso me parecía mucho; sin embargo, poco después no fue más difícil de levantar que los cinco kilos. Entonces me gradué y pasé a ocho kilos, después a nueve, y finalmente llegué hasta los diez kilos. Utilizo este ejemplo para mostrar que podemos manejar cada vez más si se añade gradualmente. Dios sabe lo que podemos soportar, y su Palabra promete que Él nunca nos dará más de lo que podamos soportar (1 Corintios 10:13).

Diez kilos puede que no te parezca mucho peso, pero era mucho para mí porque tenía casi sesenta y cinco años cuando lo hice. Cada vez que añadíamos peso, yo pensaba que no podría levantarlo; sin embargo, con un poco de ánimo pude hacerlo. Nuestro caminar con Dios es lo mismo. Cuando Él permite dificultades en nuestra vida, en realidad nos está fortaleciendo y preparando para el futuro.

Un buen ejemplo de lo que estoy diciendo es que, al inicio de nuestro ministerio, necesitábamos poco dinero para dirigirlo. Yo me preocupaba constantemente por saber de dónde llegarían los fondos, y con frecuencia sentía temor de que no llegaran. A medida que el ministerio fue creciendo poco a poco, necesitábamos cada vez más dinero para pagar a los empleados y las facturas. Mi fe se fue fortaleciendo gradualmente a medida que atravesé situaciones y experimenté la fidelidad de Dios, pero me tomó años crecer hasta el punto en el que podía confiar en Dios y no preocuparme por saber de dónde llegaría el dinero. Ahora, el gasto que conlleva estar en la televisión en dos terceras partes del mundo y pagar a un equipo de más de quinientas personas es asombroso, y nunca pienso ni siquiera en eso. Tengo la seguridad de que, si Dios quiere que haga lo que estoy haciendo, Él proveerá todo lo que necesitamos para hacerlo. Si alguna vez no quiere que lo haga, entonces estoy contenta de poder hacer otra cosa si eso es lo que Él quiere. Después de muchos años, finalmente sé que mi dignidad y valor no están en lo que hago sino en quién soy en Cristo.

Cada vez que necesitábamos más dinero para el ministerio, Dios usaba esa situación como una prueba para ver si yo podía permanecer en paz y confiar en que Él proveería. Igual que los niños en edad escolar deben aprobar exámenes antes de pasar al grado siguiente, nosotros somos probados antes de progresar al nivel siguiente en nuestros ministerios.

Jesús le dijo a Pedro que Satanás quería zarandearlo como a trigo y que, cuando la experiencia terminara, Pedro podría fortalecer a las personas que lo rodeaban. El enemigo, Satanás, quería sacudir la fe de Pedro con la esperanza de destruirla; sin embargo, Jesús, queriendo que Pedro se fortaleciera, oró para que su fe no faltase (Lucas 22:31–32). De modo similar, Jesús ora por nosotros cuando experimentamos pruebas y tentaciones (Juan 17:9; Romanos 8:34).

Cuando el diablo intente sacudir tu fe con la esperanza de destruirla, recuerda que Dios está intentando promoverte. Tu tarea es mantenerte firme, seguir confiando en Él, seguir caminando en amor con las personas y ayudar a quienes tienen necesidad, y mantener una actitud positiva. La prueba al final terminará y serás más fuerte de lo que eras antes, preparado para las cosas mayores que Dios tiene para ti.

Cuando estás en medio de la dificultad, recordar que llegará a su fin y que serás bendecido puede ser todo un reto; sin embargo, esa seguridad te ayudará a atravesar la dificultad sin darte por vencido.

Otro modo de ayudarte a ti mismo a atravesar una situación difícil es recordar que no eres la única persona que está atravesando tales dificultades. Primera de Pedro 5:9 nos enseña que debemos recordar que nuestros hermanos en otras partes del mundo están sufriendo y atravesando las mismas experiencias que enfrentamos nosotros.

Nuestras dificultades nos prueban e incluso nos tientan a desobedecer a Dios y dejar de servirlo. El diablo hará todo lo que pueda para evitar que amenos y sirvamos a Dios, pero siempre podremos resistirlo mientras nos mantengamos cerca de Dios y sigamos su dirección.

Las pruebas son parte del camino hacia el cumplimiento de las promesas

Cuando Dios llamó a Abram (más adelante Abraham) a convertirse finalmente en el padre de la fe, le dijo que, si lo obedecía, haría de él una gran nación, lo bendeciría, y lo haría ser una bendición (Génesis 12:2). Sin embargo, Abram experimentó muchas pruebas de su fe antes de poder ver el cumplimiento completo de la promesa de Dios. Dios lo llamó a algo grande, pero que tuvo que estar preparado para lo que Dios había preparado para él. Yo experimenté algo parecido.

Dios habló a mi corazón en 1976 acerca de enseñar su Palabra por todo el mundo, pero pasaron al menos treinta años antes de poder ver el cumplimiento completo de lo que Él había dicho. Durante ese tiempo yo crecí espiritualmente, y el ministerio creció alcanzando a números de personas cada vez mayores, pero hubo muchas pruebas a lo largo del camino.

Me gustaría poder decirte que, si pasas una prueba una vez, nunca tendrás que atravesarla de nuevo, pero entonces no te estaría diciendo la verdad. Creo que de vez en cuando seremos probados mientras estemos en nuestro cuerpo de carne y hueso. Mientras más experiencias tengamos, más fácil es pasar las pruebas, pero aun así las seguiremos enfrentando. Ocasionalmente, el diablo nos lanzará algo que no hemos experimentado antes, y puede que eso nos sacuda como ninguna otra cosa lo hizo nunca, pero Dios nos ayudará y nos dará la victoria. No tengas temor

> *No tengas temor a confrontar cosas nuevas para ti.*

cuando tengas que confrontar cosas que son nuevas para ti. Dios te guiará en ese reto y te sacará al otro lado con más experiencia, fortaleza, fe y sabiduría de las que tenías antes.

Pensemos otra vez en levantar pesas. Cuando yo alcanzo cierto punto de fuerza, mientras siga trabajando con pesas lo mantendré; sin embargo, si me detengo perderé la fortaleza que he obtenido. De igual modo, nuestra fe puede hacerse fuerte como resultado de ser probada, pero si no es probada de nuevo, puede debilitarse incluso hasta el punto en el que se derrumbe ante la menor dificultad. Hay que utilizar la fe para mantenernos fuertes, y la dificultad nos fuerza a utilizar nuestra fe.

A menudo, cuando pregunto a las personas cómo están, me hablan de algo que están «atravesando». Yo me siento tentada a decir: «Bueno, gracias a Dios porque lo estás atravesando y no estás estancado en medio de esa situación». Las cosas podrían ser mucho peores que atravesar algo difícil. Simplemente imagina a todas las personas en el mundo que tienen problemas inmensos y no conocen a Jesús. Ahora bien, *eso* sería difícil. Con Jesús siempre tenemos esperanza, pero sin Él, las personas no tienen esperanza. Cuando atravesamos dificultades tenemos la seguridad de que finalmente terminarán, y seremos más fuertes espiritualmente cuando salgamos al otro lado de ellas.

Serás más fuerte cuando salgas al otro lado de tus dificultades.

De la prueba al testimonio

Permitir que tu prueba se convierta en tu testimonio puede ayudarte a alcanzar a personas que no conocen a Jesús. Si ven lo que Dios ha hecho por ti, puede que también crean que Él podría hacerlo por ellas.

Cientos de personas me han dicho que, tras escuchar mi testimonio, pensaron: *Si ella pudo atravesar lo que atravesó, entonces hay esperanza para mí.* Mi prueba se convirtió en mi testimonio; mi desorden se convirtió en mi milagro y mi mensaje. He experimentado la doble bendición que se menciona en Isaías 61:7: «En vez de su vergüenza, mi pueblo recibirá doble porción; en vez de deshonra, se regocijará en su herencia; y así en su tierra recibirá doble herencia, y su alegría será eterna».

> *Un desorden puede convertirse en tu milagro y tu mensaje.*

Todos somos probados, pero no todo el mundo termina con un testimonio de victoria. Las personas que se niegan a permitir que las pruebas hagan su obra tendrán que atravesar esas pruebas otra vez. He descubierto que en la escuela de Dios nunca reprobamos; seguimos tomando los mismos exámenes hasta que los aprobemos.

Si estás atravesando algo difícil, ¿por qué no beneficiarte de ello en lugar de sentirte desgraciado y no terminar siendo mejor? Pasa tu prueba y supérala. Dios no se alegra de nuestros sufrimientos, pero sí se alegra cuando los soportamos confiando en Él y manteniendo una buena actitud.

> *En la escuela de Dios nunca repruebas.*

El sufrimiento

Es evidente que el mundo está lleno de sufrimiento. El dolor físico, emocional y mental ha sido y siempre será una parte intrínseca de la experiencia humana. El ejemplo de nuestro sufrimiento es Jesucristo, quien fue perseguido y crucificado por nuestros pecados. El sufrimiento sin duda llegará, pero Dios puede darnos gracia y poder para vencer toda prueba y cumplir nuestro propósito y nuestra misión en su reino, y puede sacar algo bueno de ello. Por medio del sufrimiento obtenemos experiencia que nos capacita para ayudar a otros, crecemos espiritualmente, y desarrollamos un carácter piadoso. Romanos 5:3–4 dice: «Y no solo en esto, sino también en nuestros sufrimientos, porque sabemos que el sufrimiento produce perseverancia; la perseverancia, entereza de carácter; la entereza de carácter, esperanza».

Mediante el sufrimiento creces espiritualmente.

El crecimiento espiritual es una de las cosas más importantes que podemos buscar. Pablo escribe acerca de «niños en Cristo» y personas maduras en 1 Corintios 3:1–2:

> Yo, hermanos, no pude dirigirme a ustedes como a espirituales, sino como a inmaduros, apenas niños en Cristo. Les di leche porque no podían asimilar alimento sólido, ni pueden todavía.

Cuando las personas siguen estando en la etapa de la niñez del cristianismo, puede ser difícil conversar con ellas acerca de pruebas, tentaciones y sufrimiento. Igual que un bebé, simplemente quieren jugar y pasarlo bien. Quieren oír mensajes que les hagan sentirse mejor: mensajes del amor de Dios por ellos, de su buen plan para ellos, las bendiciones que pueden esperar en el futuro, y otras verdades igualmente edificantes. Esos mensajes son indudablemente importantes, ya que todos necesitamos saber que Dios nos ama y que tiene buenos planes para nuestras vidas, pero son parte de un cuadro más grande de la vida cristiana, que incluye también sufrimiento en ocasiones.

Pablo se refiere a esos mensajes que nos hacen sentir bien como «leche», afirmando que los creyentes niños no estaban preparados para «el alimento sólido». A menudo me refiero a esos mensajes como «postre», y les digo a las personas que, aunque puede que disfrutemos del postre, no podemos comer solamente postres y mantenernos sanos. Necesitamos los mensajes que nos alienten y nos hagan sentir bien, pero también necesitamos carne y verdura espiritual. En otras palabras, no podemos crecer espiritualmente, estar fuertes y ser transformados a la imagen de Jesucristo sin aprender a amar mensajes que nos ayuden a crecer, incluso si no son tan sabrosos como un postre.

Los mensajes que son lo que yo denomino «alimento sólido» son los que hablan acerca del sacrificio personal, servir a los demás, soportar sufrimiento para hacer la voluntad de Dios, soportar persecución por causa del evangelio, atravesar pruebas con una buena actitud, dar, y otros temas importantes que nos ayudan a crecer. Es importante para los cristianos que queremos crecer espiritualmente escuchar un balance saludable de diferentes tipos de enseñanza. Si solamente oímos mensajes que nos hacen sentir bien, no crecemos espiritualmente; sin embargo, si solamente oímos mensajes que nos corrigen, nos desalentaremos y querremos abandonar. Necesitamos todo el consejo de la Palabra de Dios.

Como Cristo sufrió en la carne por nosotros, deberíamos armarnos «con el mismo pensamiento y propósito [sufrir con paciencia en lugar de no agradar a Dios]». Si hacemos eso, ya no pecaremos deliberadamente y no viviremos para agradarnos a nosotros mismos, sino a Dios (1 Pedro 4:1–2).

¿Qué tipo de sufrimiento podríamos encontrar? Utilizaré mi ejemplo personal, y tal vez te identifiques con él. Como he dicho, yo era un caos cuando comencé mi relación con Dios por medio de Cristo. Cuando me puse seria acerca de querer crecer espiritualmente, le pedí a Dios que hiciera todo lo necesario en mí para que llegara a ser el tipo de persona que Él pudiera usar y que le agradara.

Yo sufrí «en la carne» (queriendo decir que sentí dolor mental y emocional) a medida que aprendía a someterme a la autoridad de mi esposo Dave, porque los hombres habían abusado de mí en el pasado. Sufrí en la carne mientras aprendía a estar dispuesta a admitir que estaba equivocada cuando Dave y yo teníamos un desacuerdo acerca de algo. Fue difícil para mí no tener la última palabra en una discusión o no salirme con la mía en todo, desde cómo decorábamos nuestro hogar hasta escoger un restaurante si planeábamos salir a comer fuera. Sufrí cuando personas en las que confiaba me traicionaron.

Dios nos llama a caminar según su Espíritu y no según nuestra carne (Gálatas 5:16–17). En otras palabras, debemos hacer lo que Dios nos guíe a hacer y no lo que nuestra carne quiera hacer. Este proceso toma tiempo, práctica, y la renovación de nuestra mente. A medida que aprendemos a pensar diferente, caminar por el Espíritu se hace más fácil.

Colosenses 3:5 dice: «Por tanto, hagan morir todo lo que es propio de la naturaleza terrenal». La versión Amplified Bible (en inglés) indica que «hacer morir» significa «privar de poder», enseñándonos que debemos privar a nuestra carne del poder para gobernarnos (traducción libre). En el mundo natural se puede hacer morir cualquier cosa si no lo alimentamos. Nuestra naturaleza terrenal no es diferente. Cada vez que cedemos a los deseos de nuestra carne, alimentamos nuestra naturaleza terrenal; y, cada vez que la privamos del poder de gobernarnos, no la alimentamos. Si privamos a nuestra carne el tiempo suficiente, morirá. En otras palabras, su poder sobre nosotros será debilitado hasta el punto en el que ya no será un problema en el área que estemos abordando.

Cuando cedes a los deseos de la carne, alimentas tu naturaleza terrenal.

Primera de Pedro 3:14 dice que, si sufrimos por causa de la justicia, seremos dichosos. Por ejemplo, la Palabra de Dios nos enseña que vivamos en paz (Romanos 12:18; Colosenses 3:15). Si alguien me trata injustamente y todo lo que hay en mí quiere confrontar a esa persona, pero sé que eso hará que la situación empeore y probablemente se convertirá en una gran discusión, sería sabia si entrego esa situación en manos de Dios y permito que Él sea quien me vindique; sin embargo, para hacer eso, mi carne no se saldría con la suya y, por lo tanto, yo sufriría en cierto modo para hacer lo correcto. Mi carne aborrecería tener que esperar, pero el resultado sería bueno.

Te fortalecerás a medida que sigas la voluntad de Dios.

Lidiamos con situaciones difíciles frecuentemente, y cada una de ellas es una prueba para nosotros y también una oportunidad para poner en práctica no alimentar nuestra carne. A medida que sigamos la voluntad de Dios, nos fortaleceremos y Dios podrá usarnos de manera mayores.

No te estaciones en tu dolor

A lo largo de los años he hablado con muchas personas que permitieron que su dolor o las dificultades evitaran que siguieran adelante. Yo lo denomino «estacionarte en tu dolor». Las experiencias dolorosas pueden dejarnos amargados, ofendidos, y enfocados en la persona o la situación que nos hizo daño; sin embargo, tenemos otra opción. Podemos dejar atrás el dolor: podemos perdonar a cualquiera que nos haya herido, y podemos permitir que Dios se ocupe de la situación. Pide a Dios que sane tu quebranto y tus heridas. Ponte en sus manos y sigue su dirección, y verás cómo Dios convierte tu desorden en una bendición.

Salmos 37:1–3 (NTV) nos da un consejo estupendo: «No te inquietes a causa de los malvados ni tengas envidia de los que hacen lo malo. Pues como la hierba, pronto se desvanecen; como las flores de primavera, pronto se marchitan. Confía en el Señor y haz el bien; entonces vivirás seguro en la tierra y prosperarás».

No necesitamos preocuparnos acerca de todo el mal y las personas que hacen el mal en el mundo, porque no perdurarán. Simplemente deberíamos confiar en Dios y seguir haciendo el bien, y disfrutaremos de seguridad y bendición.

La vida no es justa, y no todo lo que sucede es justo, pero Dios es justo, lo cual quiere decir que Él hace que las cosas erróneas se enderecen en el momento adecuado. Cuando pones tu confianza en Él y haces las cosas a su manera, Él te recompensará muchas veces más y usará tus dificultades para tu bien.

Puede que nunca entendamos completamente todo lo que sucede en nuestras vidas hasta que lleguemos al cielo (donde finalmente lo entenderemos por completo), pero Dios no nos pide que lo entendamos; nos pide que confiemos en Él. Enfócate en confiar en Dios, y todo obrará para bien al final. Tendrás bendición en lugar de desorden en tu vida.

Dios te pide que confíes en Él.

PARTE 2

Vivir una vida de bendición

CAPÍTULO 5

Escoge ser bendecido

Haré de ti una nación grande, y te bendeciré; haré famoso tu nombre, y serás una bendición.

Génesis 12:2

Cuando Dios creó a los seres humanos, nunca quiso que nuestras vidas se volvieran un desorden. No quería que viviéramos vidas miserables y frustradas, llenas de problemas y tragedia. Su intención ha sido siempre que vivamos una vida de bendición y que seamos una bendición para otros. Sin embargo, cuando Adán y Eva escogieron desobedecer el único mandamiento que Él les dio en el jardín del Edén (no comer del árbol del conocimiento del bien y del mal), el pecado entró en toda la raza humana (Génesis 2:16–17; 3:6–7; Romanos 5:12), y con él toda clase de aflicción que el pecado causa.

Jesús vino para redimirnos del pecado (Efesios 1:7). Por lo tanto, el modo de vida de bendición que Dios quería originalmente para nosotros sigue estando disponible. Sencillamente tenemos que escogerlo regularmente. La Biblia está llena de versículos que nos enseñan acerca de la vida de bendición (Deuteronomio 28:3–6; 2 Corintios 9:8; Efesios 1:3). En este capítulo veremos algunos de ellos, y nos aseguraremos de estar haciendo lo necesario para poder disfrutar de una vida de bendición. Comencemos con Salmos 1:1–4:

> Dichoso el hombre que no sigue el consejo de los malvados, ni se detiene en la senda de los pecadores ni cultiva la amistad de los blasfemos, sino que en la ley del Señor se deleita, y día y noche medita en ella. Es como el árbol plantado a la orilla de un río que, cuando llega su tiempo, da fruto y sus hojas jamás se

> marchitan. ¡Todo cuanto hace prospera! En cambio, los malvados son como paja arrastrada por el viento.

Este pasaje de la Escritura hace hincapié en la importancia del tipo de personas con las que pasamos tiempo, y nos advierte contra tomar consejo de los malvados, refiriéndose a los incrédulos. Permíteme preguntarte: ¿Con qué tipo de personas pasas tu tiempo? ¿Te ayudan a crecer en la piedad? ¿Te alientan en tu fe? ¿Dónde acudes cuando necesitas consejo? ¿Buscas ayuda primeramente de Dios y de personas que conocen y honran la Palabra de Dios, o consultas otras fuentes que no te darán un consejo piadoso?

Algunas personas buscan consejo en adivinos, médiums o psíquicos, pero Dios prohíbe estas prácticas. Leemos al respecto en Levítico 19:31, en Isaías 8:19, y en este pasaje de Deuteronomio 18:10–12:

> Nadie entre los tuyos deberá sacrificar a su hijo o hija en el fuego; ni practicar adivinación, brujería o hechicería; ni hacer conjuros, servir de médium espiritista o consultar a los muertos. Cualquiera que practique estas costumbres se hará abominable al Señor, y por causa de ellas el Señor tu Dios expulsará de tu presencia a esas naciones.

La astrología se ha vuelto popular entre muchas personas. Consultan su horóscopo diariamente e incluso consultan su mapa astral antes de tomar decisiones; sin embargo, la Palabra de Dios prohíbe a su pueblo practicar la astrología (Deuteronomio 4:19; Isaías 47:13–14). ¿Por qué íbamos a consultar las estrellas cuando podemos comunicarnos con Aquel que las creó?

Escoge tus amistades sabiamente

No puedo contar el número de personas de las que he oído o leído que dicen que sus vidas son un desorden porque se relacionaron con individuos que no son buenos para ellas o porque se juntaron con personas malas. Es importante que escojamos a personas piadosas y consagradas como amigos, especialmente como nuestros amigos íntimos. Salmos 1:1 dice que quienes son bendecidos no se relacionan íntimamente con pecadores o burladores. Un burlador es alguien que se burla de alguien o de algo. Algunas veces se burlan de la religión o de los valores morales. En términos de «pecadores», todos pecamos. Todo el mundo tiene pecado en su vida, pero eso es diferente a vivir un estilo de vida de pecado intencional y habitual, y creo que de eso nos aconseja el Salmo 1 que nos alejemos.

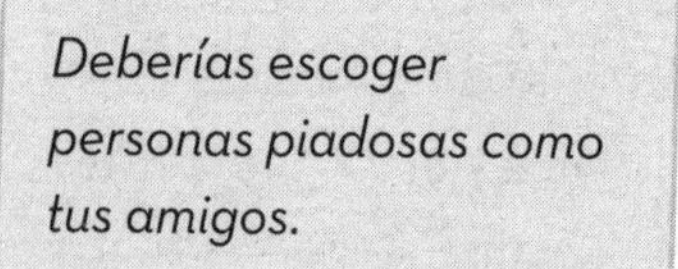
Deberías escoger personas piadosas como tus amigos.

Yo añadiría que no deberíamos tener una relación cercana con los chismosos (quienes cuentan los secretos de otras personas, llamados también «murmuradores» (Proverbios 20:19 NBLA), con quienes critican, o con personas que son negativas. Proverbios 23:20–21 también nos enseña que no nos juntemos con los borrachos o los glotones. A menudo se nos pegan los hábitos de aquellos con quienes pasamos tiempo, de modo que es importante que escojamos nuestras relaciones con atención y cuidado. No queremos evitar por completo las relaciones con personas que no son creyentes, porque queremos ser un testimonio para ellos. Mi consejo es que pasemos tiempo con ellos mientras seamos nosotros quienes los *afectemos* a ellos y no ellos quienes nos *infecten* a nosotros.

Deléitate en la Palabra de Dios y medita en ella día y noche (Salmos 1:2). Pasa mucho tiempo estudiando, escuchando y leyendo la Palabra de Dios, porque revela la voluntad de Dios y el camino hacia una vida de bendición.

Las personas que viven según los preceptos del Salmo 1 serán estables, como un árbol plantado junto a las aguas; producirán un buen fruto, y todo lo que hagan prosperará (Salmos 1:3). Basándome en años de estudio, yo definiría *prosperidad* como «que nos va bien». Se refiere a algo más que dinero; es un estado continuado de éxito que toca cada área de nuestra vida. Creo que la palabra *prosperar* es simplemente otro modo de decir que Dios quiere que vivamos una vida de bendición. He leído que los pensadores judíos creían que *bendecido* significaba aumentar en gozo y paz, y supongo que se debe a que una de las palabras hebreas para *bendecido*, la palabra *esher* que se emplea en el Salmo 1, significa «felicidad»[7] (Strong's 835).

Si quieres ser exitoso, sigue las instrucciones de Josué 1:8 (RVC):

> Procura que nunca se aparte de tus labios este libro de la ley. Medita en él de día y de noche, para que actúes de acuerdo con todo lo que está escrito en él. Así harás que prospere tu camino, y todo te saldrá bien.

La prosperidad espiritual es más importante que la prosperidad material.

La prosperidad espiritual es más importante que la prosperidad material, y siempre deberíamos buscarla antes que cualquier otra cosa. Sin duda, no hay nada de malo en ser bendecido financieramente. Tener dinero es bueno, mientras el dinero no nos tenga a nosotros. Sin dinero no podemos dar financieramente para la obra del Señor, y ser generosos nos protege de volvernos codiciosos.

La clave primordial y más importante para vivir una vida de bendición es poner siempre a Dios primero en todo. El primer mandamiento y el más importante es amar a Dios con todo tu corazón, con toda tu alma, y con toda tu mente (Mateo 22:37–38), y el primero de los Diez Mandamientos declara: «No tengas otros dioses además de mí» (Éxodo 20:3). Dios debería ser lo primero en nuestros pensamientos, nuestra conversación, nuestras prioridades, el modo en que empleamos nuestro tiempo, y la distribución de nuestras finanzas. No adores tu carrera profesional, un deporte, la fama o la riqueza. Adora a Dios.

La obediencia conduce a la bendición

Si verdaderamente queremos vivir la vida de bendición, debemos obedecer a Dios hasta lo mejor de nuestra capacidad. Deuteronomio 28:1 dice: «Si realmente escuchas al Señor tu Dios, y cumples fielmente todos estos mandamientos que hoy te ordeno, el Señor tu Dios te pondrá por encima de todas las naciones de la tierra». Jesús dice que, si lo amamos, lo obedeceremos (Juan 14:15). La obediencia a Dios no es siempre el tema más popular en estos tiempos, porque el mundo está lleno de personas rebeldes que quieren hacer las cosas a su manera. Sin duda, tienen derecho a tomar esa decisión, pero puedo asegurarte que no estarán felices con el resultado de una vida así. Yo vi a mi padre vivir esa clase de vida, y al final de ella, aunque él nació de nuevo tres años antes de morir, no tenía otra cosa sino lamentos y arrepentimiento.

Los caminos de Dios son lo mejor. Todo lo que Él nos dice que hagamos o no hagamos es para nuestro beneficio. Él nos dice lo que necesitamos saber para que las cosas resulten bien para nosotros y nos conduzcan a la vida de bendición. La gente ha dicho históricamente «Dios te bendiga» cuando alguien estornuda a su lado, pero puedo asegurarte que Dios quiere bendecirnos mucho más allá de un mero estornudo. Leamos lo que dice 1 Reyes 2:3: «Cumple los mandatos del Señor tu Dios; sigue sus sendas y obedece sus decretos, mandamientos, leyes y preceptos, los cuales están escritos en la ley de Moisés. *Así prosperarás en todo lo que hagas y por dondequiera que vayas*» (énfasis de la autora).

La Biblia nos enseña que caminemos por el camino estrecho que conduce a la vida y nos mantengamos lejos del camino espacioso que conduce a la destrucción (Mateo 7:13). En el camino estrecho no hay lugar para lo que yo llamo nuestro «equipaje carnal». No es un camino en el que podemos hacer justo lo que queramos, sino un camino en el que seguimos a Jesús y hacemos lo que Él haría y lo que Él nos ha pedido que hagamos.

Hay muchas instrucciones en la Palabra de Dios acerca de qué hacer y qué no hacer. Lo que *creemos* es importante, pero lo que *hacemos* es también importante, porque a la larga lo que hacemos demuestra lo que creemos.

Cuando un fariseo preguntó a Jesús cuál era el mandamiento más importante, Él respondió:

> «Ama al Señor tu Dios con todo tu corazón, con todo tu ser y con toda tu mente… Este es el primero y el más importante de los mandamientos. El segundo se parece a este: "Ama a tu prójimo como a ti mismo».
>
> Mateo 22:37–39

Amar a Dios normalmente es más fácil que amar a las personas, porque Él es siempre bueno y las personas no lo son. Las personas nos hacen daño, abusan de nosotros, nos decepcionan, nos traicionan, y nos afectan negativamente de muchas maneras; sin embargo, Jesús nos dice que los perdonemos como Él nos ha perdonado a nosotros (Mateo 6:12–14; Marcos 11:25) y que amemos incluso a nuestros enemigos (Lucas 6:27–35).

El perdón es el mandamiento de Dios, pero muchas personas lo ignoran. Eso no es sabio porque, si no perdonamos, perdemos la vida de bendición que Jesús murió para darnos. De hecho, Jesús incluso dice que, si no perdonamos a sus nuestros enemigos sus ofensas, entonces Dios no nos perdonará las nuestras (Mateo 6:15).

Sospecho que en el mundo hay más personas que están enojadas con alguien de las que no lo están. Eso da a Satanás una puerta abierta para obrar en sus vidas. Pablo nos enseña en su carta a los Efesios que no debemos permitir que el sol se ponga sobre nuestro enojo, o daremos cabida al diablo en

> *No permitas que el sol se ponga sobre tu enojo.*

nuestras vidas (Efesios 4:26–27). Nos enseña en 2 Corintios 2:10–11 que perdonemos para que Satanás no pueda tener ventaja sobre nosotros. Cuando leo estos versículos, me parece que nos hacemos un favor a nosotros mismos (no a nuestros enemigos) cuando decidimos perdonar. Nos protegemos a nosotros mismos de los ataques del diablo al ser obedientes a Dios en este asunto.

Si te resulta difícil perdonar a alguien, permíteme sugerir algunas cosas a considerar:

- Dios no nos pide que perdonemos a nuestros enemigos más de lo que Él nos perdona a nosotros.
- El perdón no es un sentimiento; es una decisión de tratar a las personas como Jesús las trataría.
- Se nos dice que amemos a nuestros enemigos y oremos por quienes nos persiguen (Mateo 5:44). Esto nos ayuda a perdonarlos. Es difícil orar por alguien regularmente a la vez que seguimos enojados con esa persona.
- Dios es quien nos vindica, y cuando oramos por nuestros enemigos, los ponemos en sus manos.
- Incluso si nuestros enemigos no merecen nuestro perdón, nosotros merecemos paz. El perdón nos produce paz.
- Amar solamente a quienes nos aman a cambio no es difícil, pero amar a quienes nos hieren es una actitud semejante a la de Cristo.
- Si tu enemigo tiene necesidad, ayúdalo. Nada hace más daño al reino de Satanás que amemos y ayudemos a nuestros enemigos.
- Recuerda que Jesús dice: «Amen a sus enemigos, hagan bien a quienes los odian, bendigan a quienes

los maldicen, oren por quienes los maltratan» (Lucas 6:27–28).

Obedece a Dios, no a las personas

No podemos agradar a las personas y agradar a Dios al mismo tiempo. Cuando las autoridades en Jerusalén les dijeron a Pedro y los apóstoles que estaban con él que dejaran de predicar en el nombre de Jesús, ellos respondieron: «¡Es necesario obedecer a Dios antes que a los hombres!» (Hechos 5:29). Y Pablo escribió en Gálatas 1:10 que, si hubiera intentado agradar a la gente, no habría sido un siervo de Cristo. Nuestra reputación en el cielo es mucho más importante que nuestra reputación en la tierra.

No puedes agradar a las personas y agradar a Dios al mismo tiempo.

La obediencia requiere sacrificio. A menudo tenemos que sacrificar la aprobación de otras personas a fin de obtener la aprobación de Dios. Eso requiere aprender a vivir sin egoísmo, y aprendemos el ser desprendidos progresivamente, poco a poco. Probablemente estaremos aprendiendo a ser cada vez más desprendidos durante toda nuestra vida.

A fin de obedecer a Dios, a menudo necesitamos sacrificar lo que queremos en favor de lo que Él quiere. Aunque eso puede parecer difícil de hacer, el gozo que recibimos de saber que estamos en la voluntad de Dios vale la pena. No hay almohada más dura sobre la que intentar dormir que la de una conciencia culpable.

No hay almohada más dura que la de una conciencia culpable.

Incluso quienes queremos verdaderamente obedecer a Dios cometeremos errores, y le damos gracias a Dios por su perdón. Sus bondades se renuevan cada mañana (Lamentaciones 3:22–23). Él no solo nos perdona misericordiosamente, sino que no hay condenación para aquellos que estamos en Cristo (Romanos 8:1). No tenemos que desperdiciar días sintiéndonos culpables; solamente tenemos que arrepentirnos, recibir el perdón misericordioso de Dios, y seguir viviendo nuestra vida en obediencia a Él, disfrutando las bendiciones que Él nos da por su misericordia.

Libertad del egoísmo

Jesús dice que, para ser sus discípulos, debemos negarnos a nosotros mismos y entregar nuestra vida por otros (Mateo 16:24–25). Todos somos llamados a morir al yo (Juan 12:24–25). En otras palabras, debemos estar dispuestos a renunciar a lo que queremos en favor de hacer lo que Dios quiere. Max Lucado dice: «Dios nos ama demasiado como para satisfacer todos nuestros caprichos».[8] Si vives tu vida como si todo se tratara de ti, eso es lo único que te quedará: ¡tú mismo!

Jesús murió para que ya no tuviéramos que vivir para nosotros mismos, sino para Él (2 Corintios 5:15). Ser libres del yo es verdaderamente la mayor libertad que podemos tener. Es estupendo no salirte con la tuya y aun así estar contento y feliz.

Ser libre del yo es la mayor libertad.

No te conformes con una vida que sea cualquier otra cosa que una bendición. No creas la doctrina que dice que, para ser cristiano, debes sentirte miserable y no tener nada. No hay nada en la Escritura que apoye esa idea. Sí, haremos sacrificios, pero cuando los hacemos por la voluntad de Dios, podemos hacerlo con alegría. Podemos estar contentos ya sea que tengamos mucho o poco (Filipenses 4:11–12), pero si manejamos con fidelidad lo poco que sí tenemos, Dios dice que nos dará más (Mateo 25:23).

Parte de ser fieles con lo que Dios nos ha dado es ser generosos al dar a los demás. No olvides a los pobres, porque son muy importantes para Dios. Dios no solo le dijo a Abram que lo bendeciría, sino también que haría de él una bendición (Génesis 12:2). Pídele a Dios que te bendiga para que tú puedas bendecir a otros.

La conducta recta comienza con un pensamiento recto, y la Biblia dice que debemos llevar cautivos nuestros pensamientos para hacerlos obedientes a Jesucristo (2 Corintios 10:5).

Si sigues teniendo alguna duda de que Dios quiere que vivas una vida buena y bendecida, considera este versículo:

> Pues somos la obra maestra de Dios. Él nos creó de nuevo en Cristo Jesús, a fin de que hagamos las cosas buenas que preparó para nosotros tiempo atrás.
>
> Efesios 2:10 NTV

Observemos que Dios preparó tiempo atrás «cosas buenas», y están listas para que vivamos esa vida si somos obedientes a Él.

CAPÍTULO 6

No te ofendas por los problemas

Si constantemente te sientes herido, ofendido o enojado, deberías evaluar sinceramente tu ego inflamado.

Brant Hansen[9]

Jesús relata una parábola acerca de un granjero que estaba sembrando semillas (Marcos 4:3–9, 14–20). El granjero representa al Espíritu Santo, y la semilla simboliza la Palabra de Dios. En la parábola, Jesús habla acerca de la tierra donde se siembra la semilla, y la tierra representa las diferentes condiciones de los corazones de las personas.

Cuando algunas personas oyen la Palabra de Dios, Satanás (nuestro enemigo) llega de inmediato para arrebatar ese mensaje (v. 15). Eso sería como una semilla que es arrastrada antes de que pueda echar raíces en la tierra. El enemigo puede hacer eso de diversas maneras. Por ejemplo, a Satanás le encanta distraernos cuando estamos intentando estudiar la Palabra de Dios, de modo que no nos enfoquemos en lo que nos enseña. O tal vez oímos la Palabra, pero poco después perdemos los nervios, nos enojamos, y olvidamos lo que escuchamos. O quizá oímos la Palabra y la olvidamos rápidamente debido a alguna otra razón. Las maneras que Satanás concibe para robar la Palabra son demasiadas para enumerarlas.

Jesús también habla de la semilla que se siembra en terreno pedregoso (v. 16). Esto representa a personas que reciben y dan la bienvenida a la Palabra de Dios con alegría, pero solo permanecen durante un tiempo porque no permiten que la Palabra profundice en sus corazones. Cuando llegan problemas o surge persecución debido a la Palabra, «se ofenden de inmediato (les desagrada, están indignados y resentidos), y tropiezan y se apartan» de su enseñanza (v. 17 AMP, traducción libre).

Las personas que tienen el ego inflado a menudo se indignan cuando tienen problemas. Tal vez alientan a quienes están batallando y les dicen que confíen en Dios, pero si la dificultad les sucede a ellos, se sienten ofendidos. Aunque no se ven a sí mismos de este modo, creen que son superiores o más maduros espiritualmente que los demás y, por lo tanto, no deberían tener los problemas que tienen otras personas.

La palabra *ofensa* viene de la palabra griega *skandalon*. Esto describe la parte de una trampa donde se pone el cebo para atraer al animal hacia la trampa. Si estás intentando pescar, pones cierto tipo de cebo en el anzuelo. Si estás intentando atrapar a un ratón, pones en la trampa queso o cualquier otro bocado que pudiera gustarle al ratón. Satanás usa una táctica parecida. Nos atrae con ofensa, esperando llevarnos a un estado de amargura, resentimiento, falta de perdón, o alguna otra respuesta negativa.

La vida nos ofrece muchas oportunidades para ofendernos, pero la Biblia nos dice que no nos ofendamos y seamos lentos para enojamos (Santiago 1:19–20). Si alguien nos ofreciera veneno no lo aceptaríamos, y la ofensa, el resentimiento, la falta de perdón, la indignación y la amargura envenenan nuestra vida espiritual. Envenenan nuestras actitudes y nos roban el gozo y la paz. Cuando el enemigo nos tiente a ceder a esos venenos espirituales, no deberíamos tomar parte en ellos.

Una ofensa también se considera una piedra de tropiezo: algo con lo que tropezamos y caemos. Se hace referencia a Dios como una roca en relación con los creyentes y los incrédulos. Para los creyentes, Él es la roca de nuestra salvación (2 Samuel 22:47), pero para los incrédulos es una roca en la que tropiezan y les hace caer para su propia ruina (1 Pedro 2:7–8). Las personas pueden poner su fe en Dios y recibir vida eterna, o pueden tropezar en Él y enfrentar el juicio eterno.

Las personas pueden referirse a sí mismas como cristianas y asistir a la iglesia. Todo en la vida puede que vaya bien para ellas hasta que la Palabra de Dios confronta una conducta a la que no están dispuestas a renunciar. En ese momento, Jesús se convierte para ellos en una piedra de tropiezo. Caen, o como solemos decir, se apartan.

Creo que nos sorprendería saber cuántas personas están enojadas con Dios debido a una situación dolorosa de la que lo culpan a Él. Simplemente no entienden cómo o por qué Dios pudo permitir que les sucedieran esas circunstancias. Escuché una ilustración en un sermón acerca de un hombre cuyo hijo tenía cáncer, y aunque el hombre y muchas otras personas oraron para que el muchacho fuera sanado, finalmente murió. El hombre se enojó con Dios y le dijo: «¿Dónde estabas cuando mi hijo murió?». Dios le respondió: «En el mismo lugar donde estaba cuando murió el mío».

No entendemos por qué les suceden cosas malas a personas buenas, por qué mueren personas muy jóvenes, o por qué ciertas personas sufren diversas enfermedades. Yo no afirmo tener las respuestas a esas situaciones difíciles, pero he tomado la decisión de confiar en Dios incluso cuando no entiendo ciertas circunstancias, porque sé que Él es bueno y hace que todas las cosas obren para el bien de quienes lo aman (Romanos 8:28). Verás que menciono Romanos 8:28 varias veces en este libro

> *No puedes confiar en Dios si no tienes preguntas no respondidas.*

porque creo que nos ayuda a entender una de las maneras en las que Dios nos bendice en medio de los desórdenes de nuestra vida. Él no *hace* cosas malas, pero puede *usarlas* y hacer que obren para nuestro bien. Yo he dicho muchas veces: «No hay tal cosa como confiar en Dios si no tenemos preguntas no respondidas». Confiamos en Dios porque *no* tenemos las respuestas y no podemos resolver nuestros propios problemas.

La Biblia nos dice que los caminos de Dios están más allá de toda comprensión:

> ¡Qué profundas son las riquezas de la sabiduría y del conocimiento de Dios! ¡Cuán incomprensibles son sus juicios, e inescrutables sus caminos!
>
> Romanos 11:33 RVC

Pensemos otra vez en la parábola en Marcos 4. Cuando los cristianos se ofenden, se indignan y sienten resentimiento, tropiezan y se apartan de la fe en Dios. Esos creyentes no tienen raíces, y cuando tienen problemas a causa de la Palabra se ofenden de inmediato. Según Marcos 4:17:

> ...como no tienen raíz, duran poco tiempo. Cuando surgen problemas o persecución a causa de la palabra, en seguida se apartan de ella.

Este es un buen lugar para tomar un breve respiro y preguntarte a ti mismo cómo manejas los problemas. ¿Cuál es la actitud de tu corazón cuando enfrentas dificultad? ¿Te enojas con Dios o confías en Él? ¿Te ofendes cuando sufres pruebas y tribulaciones, o entiendes que son parte de la vida y que

Tus pruebas pueden hacer de ti una mejor persona o una persona amargada.

todo el mundo tiene que lidiar con ellas? Nuestras pruebas pueden hacernos ser mejores personas, o pueden conducirnos a estar amargados y apartarnos de Dios.

Marcos 4:17 nos dice que llegan problemas y persecución a causa de la Palabra de Dios. Satanás nos ataca con la esperanza de evitar que aprendamos y crezcamos espiritualmente en la Palabra. Espera que el problema y la persecución nos hagan dudar de la bondad de Dios y creer que no podemos confiar en Él.

Echar raíces

Observemos que Marcos 4:17 dice que, quienes se apartan durante los tiempos de problemas y persecución, no tienen raíces. Pensemos en un gran roble. Dave y yo tenemos uno en el patio de nuestra casa, y probablemente tiene cincuenta años o más. Tiene raíces profundas y, cuando llegan las tormentas, nunca destruyen ese árbol. Sus ramas y sus hojas puede que sean movidas por el viento o incluso que se rompan ocasionalmente, pero el árbol mismo se mantiene firme.

La Palabra de Dios dice que debemos ser como «robles de justicia, plantío del Señor, para mostrar su gloria» (Isaías 61:3). Dios es glorificado cuando nos mantenemos firmes y confiamos en Él durante las pruebas en nuestras vidas. Cuando enfrentes problemas, recuerda seguir obedeciendo a Dios y confiando en Él para que te muestre qué hacer o que de algún modo elimine el problema.

Dios les dijo a los israelitas que los condujo por el desierto para humillarlos y probarlos, para ver si guardarían sus mandamientos:

> Recuerda que durante cuarenta años el Señor tu Dios te llevó por todo el camino del desierto, y te humilló y te puso a prueba para conocer lo que había en tu corazón y ver si cumplirías o no sus mandamientos. Te humilló y te hizo pasar hambre, pero luego te alimentó con maná, comida que ni tú ni tus antepasados habían conocido, con lo que te enseñó que no solo de pan vive el hombre, sino de todo lo que sale de la boca del Señor.
>
> Deuteronomio 8:2–3

Durante su viaje por el desierto, Dios enviaba una comida especial llamada maná para que los israelitas comieran (Éxodo 16:4–35). Descendía del cielo cada día, lo cual enseñaba a los israelitas a confiar en Dios para recibir su provisión cada día. No tenían permitido recoger más maná del que necesitaran para un solo día, excepto el día antes del día de reposo, porque no caía el día de reposo. Cada día, tenían que confiar en Dios para saber que llegaría más maná al día siguiente. Aunque nos gusta saber qué nos deparará el futuro, igual que los israelitas debemos aprender a confiar en Dios cada día.

Muchas personas actualmente son como los israelitas de antaño; son tentadas a quejarse y murmurar cuando enfrentan dificultades. Durante los cuarenta años que Dios condujo a los israelitas por el desierto experimentaron muchas dificultades, y su respuesta fue murmurar, quejarse, y culpar a Dios y a Moisés (Éxodo 15:24; 17:3–4; Números 14:2, 27). En una ocasión, mientras los israelitas esperaban a que Moisés descendiera del monte Sinaí, donde estaba teniendo un encuentro con Dios y recibiendo los Diez Mandamientos, se impacientaron y crearon un becerro de oro y lo adoraron (Éxodo 32:1–6).

La respuesta de los israelitas a las pruebas y las tribulaciones no fue positiva, y deberíamos aprender de ellos. De todas las personas que fueron liberadas de la esclavitud en Egipto, solamente dos del grupo original (Josué y Caleb) entraron en la Tierra Prometida. Ese no es un buen porcentaje, considerando que originalmente salieron de Egipto con Moisés seiscientos mil hombres, además de las mujeres y los niños (Éxodo 12:37).

Si deseamos experimentar el cumplimiento de las promesas de Dios, no tendremos que ser como los israelitas durante su tiempo de prueba. Podemos aprender de ellos si queremos, y podemos decidir no repetir la conducta que ellos mostraron. Su patrón era murmurar, quejarse, y culpar hasta que las cosas se ponían tan difíciles que se daban cuenta de que habían pecado. Entonces, finalmente se arrepentían de su pecado y Dios volvía a bendecirlos otra vez. Después de un tiempo regresaban otra vez a la murmuración, la queja y la culpa. Repitieron este proceso durante los cuarenta años que pasaron en el desierto. Su viaje por el desierto debería haber tomado solamente once días, pero Dios los llevó por la ruta larga y difícil porque sabía que, si llegaban a la Tierra Prometida y veían la guerra que tendrían que enfrentar para tomar posesión de ella (enfrentar dificultad), se darían media vuelta y huirían.

El camino más corto y más fácil para atravesar una situación no es siempre el mejor camino. Los israelitas necesitaban raíces, y el único modo para que las obtuvieran era que Dios los llevara a atravesar circunstancias que desarrollaran su confianza en Él. Cuando Josué finalmente los condujo a la tierra de Canaán, tuvieron que derrotar a los ocupantes de la tierra antes de poder ocuparla ellos. (La tierra llamada Canaán en la Biblia incluye la actual Israel, Cisjordania y Gaza, Jordania, y la parte sur de Siria y Líbano).

El camino más fácil no siempre es el mejor camino.

Los israelitas tenían que estar preparados para la guerra cuando entraran en Canaán. Dios utilizó sus pruebas en el desierto para prepararlos para las batallas y el trabajo que tenían por delante. Aunque solamente dos del grupo original entraron en Canaán, otros que nacieron en el desierto también entraron. El número total de los que entraron en Canaán se calcula que fue de dos millones quinientos mil. Esta cifra incluía a 601 730 hombres, además de mujeres y niños. Josué condujo a esta multitud a la ciudad de Jericó, la cual conquistaron, y desde allí siguieron tal como Dios los dirigió. Igual que los israelitas tenían que estar preparados para la guerra, nosotros debemos estar preparados para mantenernos firmes contra los ataques del diablo.

Por favor, toma tiempo para leer este pasaje de la Escritura con atención y pensar en lo que podemos aprender de él:

> ¡Estén alerta! Cuídense de su gran enemigo, el diablo, porque anda al acecho como un león rugiente,

> buscando a quién devorar. Manténganse firmes contra él y sean fuertes en su fe. Recuerden que su familia de creyentes en todo el mundo también está pasando por el mismo sufrimiento. En su bondad, Dios los llamó a ustedes a que participen de su gloria eterna por medio de Cristo Jesús. Entonces, después de que hayan sufrido un poco de tiempo, él los restaurará, los sostendrá, los fortalecerá y los afirmará sobre un fundamento sólido.
>
> 1 Pedro 5:8–10 NTV

Observemos que este pasaje dice que debemos «mantenernos firmes» (v. 9) (arraigados, establecidos, fuertes e inamovibles). ¿Te describen estas palabras? Recuerda que cualquier cosa que puedas estar atravesando en este momento pasará. Tu tarea es esperar en Dios con una buena actitud y ser obediente para hacer cualquier cosa que Él te pida que hagas.

Al leer este pasaje, puede que te preguntes por qué Dios permitiría que suframos un poco de tiempo antes de hacernos lo que debiéramos ser (v. 10). Yo creo que nos permite sufrir en nuestras pruebas un poco de tiempo para que, cuando Él nos libre, sepamos con certeza que fue Él quien lo hizo. Mientras esperamos en Él en medio de nuestro sufrimiento, por lo general intentamos todo lo que se nos ocurre hasta que nos quedamos sin fuerzas y nos apoyamos por completo en Él.

Hay una gran diferencia entre las obras de nuestra carne y las obras de Dios. Las obras de la carne están arraigadas en nuestras propias ideas de lo que deberíamos hacer para resolver nuestros problemas, y en raras ocasiones funcionan porque no hemos involucrado a Dios en ellas. Él no nos permitirá que tengamos éxito sin su ayuda porque, si lo hiciera, nos apropiaríamos de la gloria y el mérito para nosotros mismos, nos llenaríamos de orgullo, y nos volveríamos inútiles para la obra que Él ha preparado que hagamos.

Dios espera hasta que hayas agotado tus propias obras antes de cambiarte.

Dios espera hasta que hayamos agotado todas nuestras propias obras, y entonces nos cambia. Cuando entendemos que es Él quien ha hecho la obra, estamos agradecidos y le damos la gloria. Recuerda que Dios les dijo a los israelitas que los condujo por el desierto para humillarlos y probarlos, para ver si guardarían o no sus mandamientos (Deuteronomio 8:2–3). Esa humillación era necesaria para que ellos llegaran a ser obedientes a Él. He oído que la fe en Dios no es verdadera fe hasta que sea lo único a lo que nos aferramos. Las pruebas nos purifican y prueban nuestros motivos, y ejercitan y fortalecen nuestra fe. Cuando experimentamos el bien que proviene de nuestras pruebas, podemos verdaderamente dar gracias a Dios por ellas, porque sabemos que finalmente nos harán ser mejores si no permitimos que nos hagan sentirnos amargados.

Las pruebas ejercitan y fortalecen tu fe.

> Estén siempre alegres, oren sin cesar, den gracias a Dios en toda situación, porque esta es su voluntad para ustedes en Cristo Jesús.
>
> 1 Tesalonicenses 5:16–18

Oidores emocionales

Yo caracterizo a los creyentes en Marcos 4:16–17 (los que se emocionaron cuando oyeron la Palabra, pero solo mantuvieron su entusiasmo hasta que llegaron problemas), como «oidores emocionales». Cuando permitimos que nuestras emociones nos gobiernen, seremos derrotados. El salmista escribe que somos dichosos cuando Dios nos corrige y nos instruye, para que podamos aprender a enfrentar tranquilos «los días de aflicción mientras al impío se le cava una fosa» (Salmos 94:12–13).

¿Eres capaz de mantenerte tranquilo cuando llega un problema a tu camino o cuando estás sufriendo? Yo he hecho mucho progreso en esta área de mi vida, pero indudablemente todavía me queda mucho camino por recorrer. No permitirme a mí misma llegar a estar molesta requiere que controle mis emociones en lugar de permitir que ellas me controlen.

A menos que queramos seguir rodeando una y otra vez el mismo monte, cometiendo los mismos errores una y otra vez, deberíamos convertirnos en aprendices rápidos. Yo digo frecuentemente: «En la escuela de Dios nunca reprobamos; simplemente tomamos las mismas pruebas una y otra vez hasta que las aprobamos». En cierto momento, cuando los israelitas estaban en el desierto, Dios les dijo que habían estado en el mismo monte el tiempo suficiente (Deuteronomio 1:6). Si eso te describe a ti, es momento de avanzar hasta el siguiente nivel con Dios. Es momento de

Debes tomar la misma prueba una y otra vez hasta que apruebes.

salir del desierto y disfrutar de vivir en las promesas de Dios al confiar y apoyarte en Él.

Dios quiere que seamos guiados por su Espíritu Santo, quien vive en cada persona que cree en Jesús. Él siempre nos guiará a hacer lo que es sabio, y no solamente lo que se siente bien para nuestras emociones. Se ha dicho que las emociones son el enemigo número uno del creyente, y yo lo creo. Los israelitas se comportaban emocionalmente siempre que encontraban sufrimiento o incluso incomodidad. Tal vez se ofendieron por sus dificultades porque eran el pueblo escogido de Dios y, como tal, puede que creyeran que deberían haber estado exentos de las dificultades.

Los problemas avivan nuestras emociones y nos impulsan a decir cosas que no deberíamos decir. Cuando las emociones están en lo más alto, somos sabios si hablamos menos a fin de evitar decir cualquier cosa que le dé una oportunidad al diablo para atacarnos.

Los problemas te impulsan a decir cosas que no deberías decir.

Cuando lleguen problemas a tu camino, no permitas que te ofendan. Confía en Dios para que te ayude a atravesarlos y obrar algo bueno de esa situación. De este modo, puedes ser bendecido en medio de tu desorden.

CAPÍTULO 7

Ten cuidado con lo que dices

No mezcles malas palabras con tu mal humor. Tendrás muchas oportunidades de cambiar tu humor, pero nunca tendrás la oportunidad de sustituir las palabras que pronunciaste.

Anónimo

Cuando la vida se vuelve desordenada, nuestro humor tiende a desplomarse. Cuando eso sucede, tenemos que ser cuidadosos con lo que decimos. Tal vez nos enojamos con otras personas y herimos sus sentimientos, o incluso dañamos una relación. A menudo decimos cosas que más adelante desearíamos no haber dicho, pero entonces es demasiado tarde. Cuando se pronuncian las palabras, no pueden retirarse. Todas las palabras contienen algún tipo de poder, ya sea negativo o positivo, edificante o degradante. Seremos sabios en recordar que nuestras palabras tienen la capacidad de ayudar o dañar tanto a nosotros mismos como a otras personas. Proverbios 18:21 lo expresa de este modo: «En la lengua hay poder de vida y muerte; quienes la aman comerán de su fruto».

Tus palabras tienen el poder de ayudar a las personas o dañarlas.

Si ya tienes problemas en tu vida, ¿por qué hacer que empeoren hablando negativamente? ¿Qué clase de palabras declaras por lo general cuando llegan problemas? Yo sé la clase de cosas que solía decir antes de aprender a ser más sabia. Hacía declaraciones como: «Nunca falla; siempre tenemos algún tipo de problema desordenando nuestras vidas». «Esto es más de lo que puedo soportar; tiro la toalla». «Estoy harta de tener problemas». Si ya estás teniendo un problema, ¿por qué declarar que estás harto de todo? Ten mucho cuidado con las palabras que dices, porque según proverbios 13:3: «El que refrena su lengua protege su vida, pero el ligero de labios provoca su ruina».

A menudo hablamos debido a nuestra frustración sin darnos cuenta de que las palabras positivas y llenas de fe tienen el poder de ayudar a sacarnos de una situación y cambiar cómo nos sentimos en medio de ella. No es extraño que Jesús dijera que no hablaría mucho cuando comenzó su sufrimiento (Juan 14:30). Es mejor no decir nada que decir algo equivocado. Si no puedes decir algo que te ayudará a ti mismo o a otra persona, entonces no digas nada.

Las palabras tienen consecuencias, y afectan el resultado de nuestras vidas. Si batallamos para declarar palabras transformadoras durante los momentos de problemas, entonces sería mejor que nos quedemos callados. Declarar palabras positivas y transformadoras es útil, pero declarar palabras que están llenas de negatividad y muerte solamente hace que la situación empeore.

Como ya mencioné, cuando llegan los problemas las emociones se desbocan, y lo primero que queremos hacer es hablar sobre cómo nos sentimos. Lo que deberíamos hacer en cambio es declarar la Palabra de Dios sobre la situación, haciendo comentarios como los siguientes:

- «Esto me hace daño, pero creo que Dios sacará algo bueno de ello».
- «Esto es difícil, pero Dios me dará la fortaleza para lidiar con ello».
- «Me gustaría que esto no estuviera sus sucediendo, pero llegará a su fin».
- «Estoy sufriendo, pero Dios me consolará y me mostrará qué hacer».
- «Esta situación parece injusta, pero sé que Dios me ama y me recompensará si sigo haciendo su voluntad».

Cuando estamos sufriendo no tenemos que fingir que no batallamos, sino que debemos pelear la buena batalla de la fe mientras sufrimos y hacer guerra espiritual con nuestras palabras.

Yo no sabía nada sobre el poder de las palabras hasta que tuve más de treinta años, y lo que he aprendido desde entonces ha sido transformador. Sigo cooperando con Dios cada día para que me ayude a declarar palabras de vida en lugar de palabras de muerte, pues soy consciente del poder que tienen las palabras. Y, poco a poco, progreso firmemente. Mira siempre tu progreso en lugar de mirar cuánto te queda aún por recorrer, porque eso te alentará a proseguir.

Es asombroso cuántas veces nosotros mismos causamos un problema al declarar palabras descuidadas. Ayer mismo yo le dije una frase a alguien, y esa sola frase abrió la puerta para una conversación larga y acalorada que terminó molestándome y costándome el no poder dormir en la noche. Cómo me gustaría no haber dicho nada, pero ahora es demasiado tarde. El daño ya se ha hecho, y no puedo hacer nada al respecto. Sin embargo, puedo permitir que la situación sea otra lección sobre el poder de las palabras, una lección que espero que me ayudará a usar más sabiduría en el futuro cuando escoja qué decir o qué no decir a las personas.

Habla al monte

La Palabra de Dios nos enseña que podemos hablar a nuestros montes (problemas) y decirles que se lancen al mar:

> Tengan fe en Dios —respondió Jesús—. Les aseguro que, si alguno le dice a este monte: "Quítate de ahí y tírate al mar", creyendo, sin abrigar la menor duda de que lo que dice sucederá, lo obtendrá. Por eso les digo: Crean que ya han recibido todo lo que estén pidiendo en oración, y lo obtendrán. Y cuando estén orando, si tienen algo contra alguien, perdónenlo, para que también su Padre que está en el cielo les perdone a ustedes sus pecados.
>
> Marcos 11:22–26

Observemos que este pasaje de la Escritura menciona hablar *a* un monte (representando un problema), y no *acerca* de él (v. 23). Por lo general, cuando tenemos un problema normalmente hablamos de él a cualquiera que nos escuche, pero ¿qué bien hace eso? Tal vez sí que necesitamos desahogarnos con alguien, pero Dios es mejor consejero que cualquier otra persona.

> *Habla a tus problemas en lugar de hablar* acerca de ellos.

Prueba a hablar *a* tus problemas en lugar de hablar *acerca* de ellos. Recuérdales lo que dice la Palabra de Dios. A continuación, tenemos algunos ejemplos de buenas maneras de hablar a nuestros problemas:

- Problema, Dios está de mi lado, y siempre me da la victoria (2 Corintios 2:14).
- Ningún arma forjada contra mí prosperará (Isaías 54:17).

- Soy más que vencedor por medio de Cristo que me ama (Romanos 8:37).
- No temeré; ¿qué pueden hacerme los meros mortales? (Hebreos 13:6).
- Mi Dios suplirá todas mis necesidades (Filipenses 4:19).
- Todo lo puedo en Cristo que me fortalece (Filipenses 4:13).
- Mis enemigos pueden venir contra mí de una dirección, pero huirán delante de mí por siete (Deuteronomio 28:7).
- Me entrego a Dios; resisto al diablo, y él tiene que huir (Santiago 4:7).

Cuando piensas y declaras lo que dice la Biblia, estás declarando la Palabra de Dios. Jesús declaró la Palabra de Dios cuando el diablo lo tentó en el desierto (Mateo 4:4, 7, 10), y tal como Él derrotó al enemigo, tú también lo harás.

Al declarar palabras positivas llenas de fe, serás fortalecido y alentado. Te ayudará a creer que tus problemas no son más grandes que Dios y que, con Él de tu lado, puedes manejar cualquier cosa.

Declara la Palabra de Dios a tus problemas, ora, y cree que lo que has pedido será tuyo. Antes de pedirle nada a Dios, asegúrate de que no tienes falta de perdón en tu corazón contra nadie (Marcos 11:25). Lo único que queda por hacer es creer que Dios está obrando y que tu victoria llegará pronto. Mientras tanto, puedes disfrutar tu vida.

Dios promete que obtendremos lo que pedimos si está dentro de su voluntad, pero no nos dice exactamente cuándo lo obtendremos.

> Esta es la confianza que tenemos al acercarnos a Dios: que, si pedimos conforme a su voluntad, él nos oye. Y, si sabemos que Dios oye todas nuestras oraciones, podemos estar seguros de que ya tenemos lo que le hemos pedido.
>
> 1 Juan 5:14–15

Probablemente tengamos que esperar, y durante ese tiempo es importante tener cuidado con lo que decimos y mantenernos contentos, porque el gozo del Señor es nuestra fortaleza (Nehemías 8:10).

Yo he enseñado muchos mensajes sobre el poder de nuestras palabras, y he escrito dos libros sobre el tema, *Cambia tus palabras, cambia tu vida* y *Palabras de poder*, pero nunca me canso de mencionarlo una y otra vez. Declarar lo que Dios dice siempre me ayuda, y también te ayudará a ti si no dejas de hacerlo.

¿Quién es religioso?

La Biblia nos dice que las personas verdaderamente religiosas deben domar (disciplinar) su lengua. «Si afirmas ser religioso, pero no controlas tu lengua, te engañas a ti mismo y tu religión no vale nada» (Santiago 1:26 NTV). Lamento decir esto, pero algunas de las personas más mezquinas que he conocido jamás eran personas que se consideraban a sí mismas «religiosas». Realizaban las obligaciones externas de la religión (asistencia a la iglesia, lectura de la Biblia, dar ofrendas, y otras muchas), pero no levantaban ni un solo dedo para ayudar a nadie, y eran las primeras en criticar y juzgar a cualquiera que no encajara en su marca particular de religión.

En Mateo 23, Jesús tuvo palabras mordaces para personas que practicaban esa clase de religión. Las personas más religiosas de su época se llamaban fariseos. Ellos estudiaban la Torá (la ley del Antiguo Testamento) y seguían cuidadosamente todas las normas y regulaciones religiosas de su época. Tristemente, también eran muy críticos con cualquiera que no era como ellos, y eran unos hipócritas. Les decían a los demás qué hacer, pero ellos mismos no lo hacían. Jesús dijo que eran «como sepulcros blanqueados» (v. 27). Hacían sus buenas obras para que otras personas los vieran. Ponían cargas pesadas de normas y regulaciones sobre los demás, pero no levantaban un dedo para ayudarlos. Yo he conocido a muchas personas parecidas a fariseos en mi vida, y he visto de primera mano que la mayoría de ellos no domina su lengua.

Jesús nos hace libres de las regulaciones rigurosas de la ley y abre el camino para que tengamos una relación con Dios el Padre por medio de la fe en Él. El código moral de Dios ya no está grabado en tablas de piedra (los Diez Mandamientos), sino que Él ha puesto su ley en nuestras mentes y la ha escrito en nuestros corazones (Hebreos 8:10). Si aprendemos a seguir lo que Dios pone en nuestros corazones en lugar de seguir nuestras emociones, declararemos más palabras de vida.

Las palabras engañosas entristecen al Espíritu Santo.

El deseo de Dios es que disfrutemos de la vida (Juan 10:10). Primera de Pedro 3:10 dice: «El que quiera amar la vida y gozar de días felices, que refrene su lengua de hablar el mal y sus labios de proferir engaños». Podemos ver por este versículo que nuestras palabras no solo afectan a otras personas, sino que también nos afectan a nosotros. Las palabras engañosas también entristecen al Espíritu Santo, y eso es algo que deberíamos ser diligentes en evitar.

> Eviten toda conversación obscena. Por el contrario, que sus palabras contribuyan a la necesaria edificación y sean de bendición para quienes escuchan. No agravien al Espíritu Santo de Dios, con el cual fueron sellados para el día de la redención.
>
> Efesios 4:29–30

La bondad y el amor nos seguirán

El rey David tenía muchos enemigos; sin embargo, en el Salmo 23 escribe al Señor: «No temo peligro alguno porque tú estás a mi lado» (v. 4). Incluso en medio de sus batallas experimentaba las bendiciones de Dios.

Puedes ver a Dios hacer cosas buenas por ti mientras tus enemigos observan.

También escribe: «Dispones ante mí un banquete en presencia de mis enemigos. Has ungido con perfume mi cabeza; has llenado mi copa a rebosar» (v. 5). Cuando dice «has llenado mi copa a rebosar» se refiere a que tiene más que suficiente para satisfacer sus necesidades. Este salmo termina con David declarando: «La bondad y el amor me seguirán todos los días de mi vida» (v. 6). Tenemos tendencia a pensar que no podemos disfrutar la vida mientras tengamos problemas, pero eso no es cierto. Al igual que David, podemos ver a Dios hacer cosas buenas por nosotros mientras nuestros enemigos observan. Incluso en medio de sus problemas, él fue bendecido; y nosotros deberíamos también esperar ser bendecidos en medio de nuestras dificultades.

Servimos a un Dios que llama las cosas que no son como si ya existieran (Romanos 4:17), y nosotros podemos hacer lo mismo. Tal como hizo David, incluso durante las dificultades podemos llamarnos dichosos y bendecidos, y en medio de la carencia podemos declarar que tenemos más que suficiente. Recordemos que Jesús prometió que podemos tener paz en medio de la aflicción (Juan 16:33). Podemos recibir bendición en nuestro desorden.

David declaró palabras positivas y edificantes mientras experimentaba circunstancias negativas, y deberíamos seguir su ejemplo. Las palabras que pronunciamos durante los tiempos de problemas son vitalmente importantes. A lo largo de los Salmos vemos al salmista conversando abiertamente con Dios acerca de sus problemas, pero siempre termina declarando su confianza en Dios y su expectativa de ser bendecido. En Salmos 13:2–5, David escribe:

> ¿Hasta cuándo he de estar angustiado y he de sufrir cada día en mi corazón? ¿Hasta cuándo el enemigo me seguirá dominando? Señor y Dios mío, mírame y respóndeme; ilumina mis ojos. Así no caeré en el sueño de la muerte; así no dirá mi enemigo: «Lo he vencido»; así mi adversario no se alegrará de mi caída. Pero yo confío en tu gran amor; mi corazón se alegra en tu salvación.

Declarar que seremos bendecidos mientras atravesamos pruebas y tribulaciones no tiene sentido para la persona natural (no espiritual), pero nosotros somos personas espirituales que miramos más allá de nuestras circunstancias y andamos por fe. Deberíamos andar por fe y hablar por fe.

Te recomiendo que declares bendiciones sobre ti mismo y sobre tus seres queridos cada día, no porque hayas sido una buena persona y merezcas bendiciones, sino porque Dios es bueno y ha prometido bendecirnos.

Pide la ayuda de Dios

Santiago 3:8 nos dice que «nadie puede domar la lengua. Es un mal irrefrenable, lleno de veneno mortal». El apóstol Santiago también escribe que una pequeña chispa puede encender todo un bosque, y aprendemos de este ejemplo que solamente algunas palabras erróneas pueden causar grandes problemas en nuestra vida (Santiago 3:5). Muchas veces he deseado poder retirar palabras que había dicho que crearon problemas en mi relación con alguien. No podemos dominar la lengua mediante la fuerza de voluntad solamente, pero podemos pedir la ayuda de Dios y aprender a pensar antes de hablar. Basándome en Salmos 141:3 yo oro diariamente: «Dios, ponme en la boca un centinela, para que no peque contra ti con mis palabras».

Controlar la lengua puede que sea uno de nuestros mayores retos, y es un desafío por el que necesitamos orar una y otra vez. Recordemos: «En la lengua hay poder de vida y muerte; quienes la aman comerán de su fruto» (Proverbios 18:21).

¿Sabes que puedes mejorar tu propia salud declarando palabras amables? Proverbios 16:24 dice: «Las palabras amables son como la miel: dulces al alma y saludables para el cuerpo» (NTV), y Proverbios 12:18 dice: «La lengua del sabio brinda alivio».

Te aliento a que tomes una semana y escuches las palabras que pronuncian las personas. Si lo haces, no tomará mucho tiempo entender por qué tienen problemas en la vida. Podemos hacernos esa misma prueba a nosotros mismos y obtener perspectiva sobre nuestras dificultades. Hagamos un compromiso a ser más cuidadosos con lo que decimos en todo momento, especialmente cuando tenemos problemas que avivan nuestras emociones.

Cómo manejó Jesús su tentación

No hay mejor ejemplo para nosotros que Jesús, de modo que veamos cómo manejó Él una dificultad en particular que se presentó en forma de una gran tentación. Mateo 4:1–2 nos dice que el Espíritu Santo llevó a Jesús «al desierto para que el diablo lo sometiera a tentación. Después de ayunar cuarenta días y cuarenta noches, tuvo hambre», y estoy segura de que estaba cansado. Los momentos en que tenemos hambre, estamos enfermos o cansados son momentos en los que al diablo le encanta atacarnos, porque somos más vulnerables que cuando nos sentimos fuertes.

En el desierto, el diablo intentó conseguir que Jesús hiciera cosas que no estaban en consonancia con la Palabra de Dios; sabía que Jesús tenía hambre y lo probó, diciendo: «Si eres el Hijo de Dios, ordena a estas piedras que se conviertan en pan» (Mateo 4:3). Eso habría sido fácil para Jesús hacerlo, pero respondió al diablo diciendo: «Escrito está: "No solo de pan vive el hombre, sino de toda palabra que sale de la boca de Dios"» (Mateo 4:4). Jesús sabía que podía pasarse sin pan, pero no podía pasarse sin su relación con su Padre. Él sabía, y siempre escogió, lo que era más importante. Jesús conocía la Palabra y declaraba la Palabra.

Después, según Mateo 4:5–6:

> Luego el diablo lo llevó a la ciudad santa e hizo que se pusiera de pie sobre la parte más alta del templo, y le dijo:
>
> —Si eres el Hijo de Dios, tírate abajo. Porque escrito está: «Ordenará que sus ángeles te sostengan en sus manos, para que no tropieces con piedra alguna».

Satanás usa la Escritura, e intentará torcerla para alejarnos del poder liberador de su verdad. Jesús inmediatamente le respondió: «También está escrito: "No pongas a prueba al Señor tu Dios"» (Mateo 4:7).

En estas dos tentaciones, Satanás intentaba hacer que Jesús demostrara que era el Hijo de Dios; sin embargo, Jesús sabía quién era y no tenía ninguna necesidad de demostrarlo. Cuando sabemos quiénes somos en Cristo, no deberíamos sentir la necesidad de demostrarlo a otras personas. Nunca somos verdaderamente libres hasta que no tenemos ninguna necesidad de impresionar a nadie.

> *Cuando sabes quién eres en Cristo, no necesitas demostrarlo a otros.*

En la tercera y última tentación, el diablo llevó a Jesús a un monte alto y le mostró todo el esplendor de todos los reinos del mundo. «Todo esto te daré si te postras y me adoras» (Mateo 4:9). Jesús respondió: «¡Vete, Satanás! Porque escrito está: "Adora al Señor tu Dios y sírvele solamente a él"» (Mateo 4:10).

Tal vez esta sea la tentación que con más frecuencia nosotros no resistimos. Satanás nos tienta a que cedamos a fin de tener algo que el mundo nos ofrece, y no nos damos cuenta de que, si simplemente esperamos en Dios, Él nos dará algo mucho mejor que cualquier cosa que el mundo pudiera ofrecernos.

Después de que Jesús se mantuvo fuerte contra esas tentaciones, «el diablo lo dejó, y unos ángeles acudieron a servirle» (Mateo 4:11). Jesús pasó sus pruebas, y llegaron ángeles para consolarlo, refrescarlo y fortalecerlo. No sé de ti, ¡pero a mí no me vendrían mal algunas visitas de un ángel!

No creo que tengamos idea de cuántas veces el diablo nos tienta con mentiras, intentando engañarnos. Muchas personas en el mundo ni siquiera saben que él existe o que él es su verdadero problema. El diablo miente, y ellos creen sus mentiras y, por lo tanto, son engañados. Yo fui una de esas personas por mucho, mucho tiempo. Aunque ahora reconozco muchas de las mentiras del enemigo, sé que hay ocasiones en las que, por una falta de diligencia por mi parte, no las reconozco. Hay otras ocasiones en las que no soy lo bastante agresiva a la hora de resistirlo enseguida, tal como hizo Jesús. Aunque no deberíamos hacerlo, algunas veces nos volvemos perezosos a la hora de resistir al diablo; y, cuando hacemos eso, él se aprovecha.

Después de que Satanás tentó a Jesús en el desierto, la versión Amplified Bible (en inglés) dice que «lo dejó temporalmente hasta que llegara la siguiente oportunidad» (Lucas 4:13, traducción libre). Creo que es seguro decir que el diablo nunca nos dejará tranquilos por completo. Siempre buscará oportunidades para hacernos sentir desgraciados o mantenernos en esclavitud; por lo tanto, necesitamos estar siempre alerta y en guardia.

Inmediatamente después de que Jesús pasó las pruebas en el desierto, comenzó su ministerio público e hizo milagros. Vemos otra vez que, después de la prueba, llegó la bendición. ¿Por qué necesitaba Jesús ser probado y tentado? Indudablemente, su Padre sabía que pasaría esas pruebas. Era importante para Jesús como el Hijo del Hombre pasar las pruebas de Satanás en su humanidad, porque Hebreos 4:15 nos enseña que fue tentado en todo, al igual que lo somos nosotros, pero sin embargo nunca pecó. Por eso Él puede tener empatía y comprensión hacia nosotros cuando enfrentamos pruebas similares.

Jesús conocía la importancia de las palabras, y cuando estaba bajo la presión del diablo siempre se aseguraba de resistirse a hablar desde sus emociones. Escogía sus palabras con cuidado, y también deberíamos hacerlo nosotros.

CAPÍTULO 8

Entiende el poder de una buena actitud

Tu actitud, no tu aptitud, determinará tu altitud.

Zig Ziglar[10]

Probablemente hayas escuchado la frase: «Tu actitud determina tu altitud», y es cierto. Una actitud es un modo de pensar o de sentir establecido acerca de algo, y se refleja en nuestra conducta. Podríamos decir que nuestra actitud es nuestra vida pensante del revés. Una buena actitud tiene el poder de cambiar una circunstancia negativa y convertirla en una bendición. Si nuestra actitud es buena, podemos esperar tener una vida por encima del promedio; y, si nuestra actitud es mala, tendremos una vida por debajo del promedio. John Maxwell dice: «Estás solamente a una actitud de distancia del éxito».[11]

Una buena actitud compensa la falta de aptitud. Yo prefiero trabajar con alguien que sea positivo y resulte fácil llevarse bien con él o ella pero que tal vez no tenga tantas capacidades como alguien con altas capacidades y una mala actitud.

Una buena actitud compensa la falta de aptitud.

Filipenses 2:5 habla sobre la actitud de Jesús: «La actitud de ustedes debe ser como la de Cristo Jesús».

Más adelante en el mismo capítulo, en el versículo 8, leemos que Jesús se humilló a sí mismo y se hizo obediente hasta la muerte en la cruz. El versículo 9 continúa: «Por eso Dios lo exaltó hasta lo sumo y le otorgó el nombre que está sobre todo nombre». Jesús estuvo dispuesto a tomar el lugar más bajo, y Dios le otorgó el lugar más alto. Una buena actitud produce recompensa y bendición.

Anteriormente en el libro escribí sobre personas que se ofenden cuando tienen problemas. Eso refleja una mala actitud; sin embargo, las personas que son humildes nunca suponen que son demasiado buenas para tener que lidiar con un problema, y cuando sí que hay desorden en sus vidas, probablemente estarán agradecidos porque no es peor de lo que es.

Una actitud humilde afecta muchas áreas de nuestra vida de manera positiva. Las personas con una actitud de humildad nunca piensan de sí mismas más alto de lo que deberían; no consideran que otros están por debajo de ellas, y no tratan mal a las personas sobre las que tienen autoridad simplemente porque saben que pueden hacerlo. Están dispuestas a hacer tareas que otros podrían considerar bajas, generalmente tienen una actitud de servicio, y por lo general son personas agradables.

Ninguna situación en la vida saca a relucir nuestras verdaderas actitudes como las pruebas y los problemas. Las situaciones difíciles se llaman pruebas porque nos *prueban* y, por medio de ellas, averiguamos de qué estamos hechos en realidad. El modo en que manejamos los retos y las dificultades revela cuán fuertes somos espiritualmente. Nos muestra cuán pacientes y agradecidos somos, y nos enseña muchas otras lecciones sobre nosotros mismos. Es fácil pensar que estamos llenos de fe hasta que nuestra fe es probada. Entonces descubrimos cuánta fe tenemos realmente.

> *Las pruebas desarrollan paciencia y constancia.*

Atravesar las pruebas que Dios permite en nuestras vidas es bueno para nosotros porque nos ayuda a conocernos realmente a nosotros mismos. Esas experiencias sacan nuestras debilidades y defectos, lo cual nos permite trabajar con Dios hacia cambiarlos para mejor. Las pruebas también sacan nuestras fortalezas y nos hacen incluso más fuertes en esas áreas.

Las pruebas desarrollan paciencia y constancia, según varias traducciones de Santiago 1:3 (RVC, NTV). Sin embargo, a medida que he atravesado pruebas en mi vida, he descubierto que sacaron de mí muchas otras cosas mucho antes de llegar a la paciencia. Principalmente sacaron malas actitudes que necesitaban ser cambiadas antes de que Dios pudiera usarme. Por lo general, la primera respuesta de los cristianos inmaduros a los problemas es sentir lástima de sí mismos y pensar y hablar negativamente, pero podemos crecer y dejar atrás esas malas actitudes y realmente tener buenas actitudes durante los problemas si creemos que la dificultad al final producirá bendiciones en nuestra vida.

Haz un inventario de actitud

Te aliento a que tomes un tiempo para pensar sinceramente acerca de tu actitud, y consideres especialmente cómo reaccionas cuando atraviesas dificultades. ¿Te desalientas o te deprimes cuando llegan problemas, o te recuerdas a ti mismo que todo el mundo pasa por situaciones dolorosas y que tu dificultad no durará para siempre? ¿Te mantienes positivo, o permites que la negatividad tome el control y cause que tengas una perspectiva sombría hacia la vida? ¿Mantienes una actitud de gratitud en toda circunstancia, tal como nos enseña a hacer la Palabra de Dios (1 Tesalonicenses 5:18)? Estar agradecido por lo que tienes en lugar de estar molesto por lo que no tienes es poderoso, y agrada a Dios. Creo que es bueno para nosotros plantearnos preguntas como las que hay en este párrafo. Es muy importante que nos conozcamos a nosotros mismos verdaderamente.

Si nuestra actitud comienza a hundirse cuando llegan los problemas, podemos recordarnos a nosotros mismos cuán importante es mantener una perspectiva positiva. Siempre podemos cambiar una actitud que se dirige en la dirección equivocada antes de que empeore demasiado. Mantener una buena actitud requiere dominio propio.

Mantener una buena actitud requiere dominio propio.

Dios nos da convicción de áreas problemáticas en nuestras vidas; no lo hace para que podamos sentirnos culpables y mal con nosotros mismos, sino para que podamos trabajar con Él para cambiarlas. No podemos hacer nada acerca de algo a menos que seamos conscientes de ello. Sé agradecido si Dios te muestra que tienes una mala actitud acerca de algo. Arrepiéntete y pídele que te ayude a cambiarlo.

Cuando enfrentamos problemas, tenemos dos opciones: podemos estar molestos por el problema, o podemos pensar en lo mucho peor que podría ser. Recientemente me caí y aterricé sobre un lado de mi cara, mis rodillas, mi codo y mis costillas. Dave estaba en la habitación cuando me caí, y se asustó porque pensó que me había hecho mucho daño, basándose en lo fuerte que fue la caída. Pude haberme roto algún diente o haber dañado gravemente otras partes de mi cuerpo, pero lo único que tuve fue mucho dolor en el codo y un par de arañazos. Dave y yo hemos dicho muchas veces que Dios seguro que tenía ángeles protegiéndome, o me habría hecho un daño bastante serio.

Sin importar lo mala que sea una situación, podría ser peor, y hay personas que tienen situaciones mucho peores que nosotros. Cuando yo no puedo dormir en la noche, al menos puedo darle gracias a Dios porque tengo una cama donde tumbarme y porque no estoy sin techo. Cuando estoy en un atasco de tráfico, puedo dar gracias a Dios porque tengo un auto y no tengo que caminar hasta donde quiero ir.

Cuando tengas un mal día en el trabajo, piensa en la persona que lleva tres meses sin empleo. En caso de que te encuentres siendo la víctima de la amargura, el juicio, o la crítica de alguien, recuerda que las cosas podrían ser peor. ¡Tú mismo podrías ser esa persona amargada, infeliz y crítica!

Hay cosas peores que ser la víctima de la amargura de otra persona.

La desgracia es una opción

Cuando nos encontramos sintiéndonos desgraciados, deberíamos entender que la desgracia es una opción y que podemos cambiar nuestro estado de ánimo cambiando nuestros pensamientos y actitudes. La desgracia es una mala compañera, y si quiero estar al lado de mí mismo en una situación, será mejor que esté con una actitud feliz que con una actitud miserable.

En la vida son necesarios ajustes regulares de actitud.

Efesios 4:23 dice que debemos renovarnos en la actitud de nuestra mente, y otra versión dice que debemos tener una nueva actitud mental y espiritual. En la vida son necesarios ajustes regulares de actitud. De hecho, nuestra actitud necesita una atención constante para mantenerse en la dirección correcta. Algunas personas deben trabajar más duro que otras para mantener una buena actitud simplemente debido a su temperamento. Algunas personas parecen haber nacido siendo alegres y positivas, y son así la mayor parte del tiempo sin tener que hacer mucho esfuerzo; sin embargo, hay otras como yo misma que, debido al temperamento o a las experiencias de la vida, tenemos tendencia a ser un poco más pesimistas y negativas. Nos resulta fácil ver rápidamente lo equivocado en casi todas las situaciones. Digo «nosotros» porque yo estoy en este grupo, y admito que he tenido que trabajar en escoger mantenerme positiva en medio de situaciones negativas.

Estoy agradecida por todo el progreso que he hecho para mantener una buena actitud, por la gracia de Dios. Diría que ahora soy una persona más positiva que negativa, pero sigue habiendo días en los que tengo que disciplinarme a mí misma a fin de mantener la actitud que sé que Dios quiere que tenga. Si tú también eres así, no tienes que sentirte mal al respecto, porque todos tenemos áreas de debilidad. Lo importante es que las reconozcamos y trabajemos con Dios para seguir mejorando.

Cómo ser feliz

Creo que todo el mundo quiere ser feliz. En el mundo, la felicidad se basa en lo que está sucediendo; pero, en el reino de Dios, no tenemos que vivir de ese modo. Primera de Pedro 3:14 dice: «Pero, aun si sufren por causa de la justicia, son

El mejor modo de evitar la desgracia es mantenerla en perspectiva.

dichosos (felices, envidiables). No teman sus amenazas, ni se turben [por su oposición]» (AMP, traducción libre). ¿Por qué? Porque, si sufrimos por hacer lo correcto, al final seremos bendecidos. El modo de evitar la desgracia en medio de las pruebas es mantenerla en perspectiva, lo cual significa decidir no considerar esa prueba más grande o más importante de lo que realmente es y verla en el contexto de todo los demás, especialmente de las cosas buenas que hay en tu vida. Para mantener una perspectiva adecuada del sufrimiento, recuerda que Dios es bueno, y mira más allá de lo que esté sucediendo en el momento hacia el resultado final. Además, necesitamos creer que Dios hace que todas las cosas obren para el bien de aquellos que lo aman, y «han sido llamados de acuerdo a su propósito» y que lo que Satanás se propuso para mal, Dios lo cambió para bien (Génesis 50:20). Esto es realmente emocionante cuando lo pensamos. Cuando el enemigo nos lance problemas, lo único que está haciendo realmente es situarnos en una posición para ser bendecidos si mantenemos una buena actitud durante la dificultad.

La tercera parte de este libro está dedicada a una mirada profunda a las Bienaventuranzas, que se encuentran en Mateo 5:3–12 como parte del Sermón del Monte de Jesús (Mateo 5–7). Sin embargo, por ahora me gustaría que nos enfoquemos solamente en una, que se encuentra en Mateo 5:11–12: «Dichosos serán ustedes cuando por mi causa la gente

Puedes ser feliz si sirves a otros.

los insulte, los persiga y levante contra ustedes toda clase de calumnias. Alégrense y llénense de júbilo, porque les espera una gran recompensa en el cielo». Dios recompensa las decisiones correctas.

El mundo dice que podemos ser felices solamente si cuidamos de nosotros mismos y vivimos una vida interesada y ventajera, pero Jesús dice que podemos ser felices si servimos a otros (Hechos 20:35). Él lavó los pies de sus discípulos como ejemplo de servicio y les habló de la importancia de servir a otros (Juan 13:1–15). Después dijo: «Ahora que saben estas cosas, Dios los bendecirá por hacerlas» (Juan 13:17 NTV).

Uno de los mejores momentos para apartar tu mente de ti mismo y enfocarte en lo que puedes hacer por otra persona es cuando estás sufriendo y experimentando pruebas y problemas. Tener una buena actitud en medio de la dificultad confunde al diablo, pues él espera que el dolor y el problema nos aflijan y nos hagan sentir desgraciados, y cuando eso no sucede, él pierde y nosotros ganamos.

Si nos sentimos desgraciados, se muestra en nuestra cara. Una de las cosas más importantes que llevamos puesta es nuestra expresión facial. La Biblia se refiere a ello como «semblante». Por ejemplo, Caín se veía triste y deprimido porque tenía celos de su hermano Abel (Génesis 4:5–6).

Si tenemos celos de otras personas, deseando tener sus vidas en lugar de disfrutar de la nuestra, tendremos una mala actitud que nos hará sentir desgraciados; sin embargo, si aceptamos nuestra vida, incluso con sus imperfecciones, y en cambio no nos quejamos, sino que estamos agradecidos, tendremos una buena vida.

> *Tu actitud es el profeta de tu futuro.*

Nuestra actitud es el profeta de nuestro futuro. Es nuestro mejor amigo nuestro o nuestro peor enemigo; es lo que atrae a personas a nosotros o las aleja. Es la fuerza primordial que determina si tendremos éxito o fracasaremos. Robert J. Hastings dijo: «Los lugares y las circunstancias nunca garantizan la felicidad. Tú debes decidir en tu interior si quieres ser feliz».[12]

Cómo mantener una buena actitud

A continuación, tenemos algunas lecciones que he aprendido acerca de mantener una buena actitud. Me las recuerdo a mí misma de vez en cuando y me resultan útiles. Espero que también sean útiles para ti.

1. Mantén la actitud correcta cuando te encuentres en un desorden. Todo el mundo puede tener una buena actitud cuando las cosas van bien.

- En cuanto sientas que tu actitud está perdiendo altitud, haz un ajuste.
- Recuerda que mantener la actitud correcta es más fácil que recuperar la actitud correcta.
- Resiste al diablo al inicio, refiriéndome al inicio de su intento de desalentarte o poner negatividad en tu mente, cuando sientas por primera vez que está intentando afligirte, acosarte o desalentarte. «Practiquen el dominio propio y manténganse alerta. Su enemigo el diablo ronda como león rugiente, buscando a quién devorar» (1 Pedro 5:8).

- No ores por tener una vida sin pruebas o problemas. Jesús dice que *enfrentaremos* dificultad (Juan 16:33). En cambio, ora para poder tener una buena actitud cuando enfrentes dificultades.
- John Maxwell dice: «Las circunstancias no te hacen todo lo que eres, ¡revelan lo que eres!».[13]

2. *Comprende que la dificultad no durará para siempre.*
   - Robert Schuller decía: «La buena noticia es que la mala noticia puede convertirse en buena noticia cuando cambias tu actitud».[14]
   - Sobrevivirás. Simplemente piensa en todas las otras situaciones que has atravesado victorioso, y entiende que la que actualmente estás atravesando no será diferente.

3. *No tomes decisiones importantes durante tu tiempo de problemas si no tienes que hacerlo.*
   - Yo he dicho muchas veces: «Deja que las emociones se calmen antes de decidir».
   - No siempre puedes evitar tomar decisiones hasta que pasen tus problemas. Si tienes que tomar una decisión importante, intenta hasta donde te sea posible no basar tu decisión en tus emociones.

4. *Busca la presencia de Dios en todo momento. Mantente cerca de Él. Él te dará consuelo y te guiará.*
   - Santiago 4:8 dice: «Acérquense a Dios, y él se acercará a ustedes».

- Proverbios 3:5–6 dice: «Confía en el Señor de todo corazón y no en tu propia inteligencia. Reconócelo en todos tus caminos, y él allanará tus sendas».

5. *Intenta mantener tu situación en perspectiva. El modo en que veas tus circunstancias determinará cómo piensas y sientes al respecto.*

- Mira todo lo que es bueno y correcto en tu vida, y no solo la única situación que es negativa.
- Corrie Ten Boom dijo: «Niña, tienes que aprender a ver las cosas en las proporciones correctas. Aprende a ver grandes las cosas grandes y pequeñas las cosas pequeñas».[15]

Pueden suceder cosas estupendas durante periodos de dificultad importante. Los libros escritos por Jeanne Guyon han afectado profundamente a mí misma y a miles de personas más. Ella estuvo encarcelada en Francia desde 1695 hasta 1703 y escribió mucho durante ese tiempo. Sir Walter Raleigh escribió *La historia del mundo* durante los trece años que pasó en prisión en la Torre de Londres (1603–1616). Martín Lutero tradujo el Nuevo Testamento del griego al alemán mientras estaba confinado por su propia seguridad en el castillo de Wartburg en 1521–1522. Ludwig van Beethoven escribió su Novena Sinfonía, que incluye la «Oda a la alegría» en 1824 cuando estaba sordo casi totalmente y tras soportar grandes dificultades durante su vida.

> *La verdadera grandeza siempre se muestra durante los momentos de crisis.*

Si una persona es verdaderamente grande, su verdadera grandeza siempre se muestra durante los momentos de crisis.

Esta es la historia de Katie Piper, que ha sufrido mucho y decidió tener una buena actitud durante circunstancias extremadamente difíciles.

La superviviente por ataque con ácido Katie Piper sigue adelante y ayuda a otros

Katie Piper creyó que su vida terminó cuando un mercenario le lanzó ácido sulfúrico a la cara. El brutal ataque dejó desfigurada a la muchacha de 24 años, modelo y figura televisiva, y luchando por su vida. Sin embargo, ha recorrido una larga senda con los años. Ahora, con 33 años, la superviviente del ataque con ácido, Katie Piper, ¡está usando su historia para ayudar a inspirar a otros!

El ataque

Katie llevaba saliendo solo dos semanas con Daniel Lynch, el hombre que orquestó el ataque que cambió su vida para siempre. Daniel se volvió violento cuando el breve romance terminó. En un ataque de celos, contrató a un tirador llamado Stefan. Stefan se acercó a Katie en las calles de Londres, y le lanzó ácido sulfúrico...

Las secuelas

El ácido corrosivo quemó gravemente la nariz, la garganta y la boca de Katie, además de cegarla parcialmente de un ojo. Desfiguró terriblemente su rostro, casi como si se hubiera fundido. El breve momento que Stefan necesitó para lanzar el ácido, cuestión de segundos, cambió para siempre la trayectoria de la vida de Katie...

El proceso de recuperación que tenía por delante fue largo y doloroso...

Superación

Durante la década siguiente, Katie soportó cientos de cirugías. Ha llevado máscaras especiales, tubos en la nariz, y muchos otros tratamientos. Sin embargo, con el amor y el apoyo de sus amigos y familiares, perseveró.

«Al principio, la cirugía dominaba mi vida», dice Katie. «Ahora tengo una vida y la cirugía gira en torno a ella».

El progreso de Katie ha sido milagroso. Dios ha transformado el suceso tan horrible y traumático en una plataforma para Katie. Y es una plataforma que le apasiona mucho.

Katie comenzó a hablar en público acerca de su experiencia como superviviente de un ataque con ácido, desarrollando empatía por las mujeres que se obsesionan por su imagen. Katie ha convertido en su misión el inspirar y alentar a las mujeres a aceptarse tal como son. Incluso inició su propia organización sin fines de lucro, Katie Piper Foundation, para apoyar a otras víctimas de quemaduras.

Proseguir

La perseverancia de Katie ha sido una inspiración para muchos a lo largo de los años.

La superviviente de ataque con ácido ha encontrado felicidad también en su vida personal. Tras un ataque tan maligno, tuvo que ser difícil volver a confiar; sin embargo, Dios guio a Katie hasta Richard Sutton, y se casaron en el 2015...

Dios bendijo a la pareja con una hermosa hija: Belle. Y el pasado de Katie le ha hecho apreciar más aún los regalos que Dios nos da en la vida.

«Todo el capítulo de casarme y tener un hijo era algo que yo había esperado, pero sabía que es un lujo y que no le sucede a todo el mundo», expresó Katie. «Me sentí incluso más gozosa, porque no estaba segura de si era algo que yo tendría el privilegio de experimentar».

Lo que ella soportó ha sido increíblemente difícil; sin embargo, ¡Dios claramente tenía un gran propósito para la vida de Katie!

«Ahora bien, sabemos que Dios dispone todas las cosas para el bien de quienes lo aman, los que han sido llamados de acuerdo con su propósito» (Romanos 8:28).[16]

Nada hace más daño a los planes del diablo para nuestra destrucción y desgracia que mantener una buena actitud en medio de una mala situación.

Mantén siempre una buena actitud en medio de una mala situación.

CAPÍTULO 9

Mantente positivo

Nada es tan amargo que no pueda endulzarse por una buena actitud.

Woodrow Kroll[17]

Para ver el poder y el efecto de una actitud positiva comparada con una negativa, podemos mirar a los israelitas y su viaje por tiempos difíciles en el desierto mientras avanzaban hacia la Tierra Prometida. El viaje tuvo sus desafíos, estoy segura, pero también creo que los israelitas lo empeoraron mucho más porque no pensaron positivamente al respecto. El pensamiento negativo limita a Dios porque Él obra por medio de nuestra fe, y no hay nada negativo acerca de la fe. El pensamiento negativo también limita nuestro potencial. Mientras tengamos una actitud negativa, no somos creativos o enérgicos. Tenemos poco deseo de hacer otra cosa excepto quejarnos.

No puedes ser creativo o enérgico con una actitud negativa.

Mientras los israelitas estaban en el desierto, Dios envió doce espías a la Tierra Prometida para que pudieran ver que indudablemente era abundante, tal como Él había dicho (Números 13:2–20). Cuando los espías regresaron, diez de ellos dieron un reporte negativo acerca de la tierra, y otros dos (Josué y Caleb) dieron un reporte positivo. Los doce espías vieron la abundancia de buen fruto en la tierra, pero también vieron a los gigantes que vivían allí. Los diez espías se enfocaron más en los gigantes que en el fruto, y sintieron que no podrían derrotarlos. Josué y Caleb también vieron a los gigantes, pero creyeron que podían conquistarlos (Números 13:27–33; 14:6–9). Josué y Caleb terminaron siendo los dos únicos varones de su generación que entraron en la Tierra Prometida (Números 14:30–34; 32:11–13).

Los diez espías hicieron un comentario esclarecedor sobre sí mismos y los gigantes cuando dijeron: «parecíamos langostas, y así nos veían ellos a nosotros» (Números 13:33). Es interesante que el modo en que nos vemos a nosotros mismos afecta cómo nos ven también los demás. Si tenemos confianza en nosotros mismos, las personas tendrán confianza en nosotros; y, si no la tenemos, los demás tampoco la tendrán.

Los israelitas estaban cansados por el tiempo que pasaron en el desierto, y necesitaban buenas noticias, pero cuando los diez espías regresaron con un reporte tan negativo, todos los israelitas lloraron toda la noche (Números 14:1).

Ser positivo significa ver esperanza en medio de tus problemas.

Ser positivo no significa que negamos la existencia de nuestros problemas; simplemente significa que vemos esperanza en medio de ellos. Creemos que Dios puede ayudarnos y lo hará, y esperamos que suceda algo bueno.

David escribe: «Hubiera yo desmayado, si no hubiera creído que había de ver la bondad del Seño en la tierra de los vivientes. Espera al Señor; esfuérzate y aliéntese tu corazón. Sí, espera al Señor» (Salmos 27:13–14 NBLA).

Espera que suceda algo bueno en tu vida. Tus pensamientos felices te darán energía para que atravieses la dificultad que estés soportando. Cuando tenemos problemas, nuestros

Espera que suceda algo bueno en tu vida.

pensamientos y actitudes inmediatamente comienzan a hundirse y nos volvemos negativos y tristes, pero podemos interrumpir su caída decidiendo pensar pensamientos positivos y decir palabras positivas. Las personas positivas son mucho más felices que las negativas.

Los israelitas en realidad nunca miraron más allá de sus circunstancias. Su actitud a lo largo de todo el viaje fue negativa. Observemos algunos de los comentarios que hicieron cuando surgieron problemas:

> En sus murmuraciones contra Moisés y Aarón, la comunidad decía: «¡Cómo quisiéramos haber muerto en Egipto! ¡Más nos valdría morir en este desierto! ¿Para qué nos ha traído el SEÑOR a esta tierra? ¿Para morir atravesados por la espada, y que nuestras esposas y nuestros niños se conviertan en botín de guerra? ¿No sería mejor que volviéramos a Egipto?» Y unos a otros se decían: «¡Escojamos un cabecilla que nos lleve a Egipto!».
>
> Números 14:2–4

Yo indudablemente no habría querido viajar con ese grupo de personas. Podían arrastrar a cualquiera a un pozo de desesperación. No veían lo que era posible con Dios a su lado; solamente veían lo que había sido y lo que era. Sus pensamientos, palabras y actitudes eran negativas y desesperanzadas.

Puedes tener todo lo que ves

Quienes miran el mundo con los ojos de la fe ven un futuro. Abram y su sobrino Lot se separaron debido a las peleas entre sus pastores. Para recuperar la paz, Abram entregó la mayoría de su buena tierra a Lot (Génesis 13:5–11). Abram pareció haber perdido mucho, pero en realidad estaba a punto de obtener más. Dios le dijo: «Levanta la vista desde el lugar donde estás, y mira hacia el norte y hacia el sur, hacia el este y hacia el oeste. Yo te daré a ti y a tu descendencia, para siempre, toda la tierra que abarca tu mirada» (Génesis 13:14–15).

Si estás experimentando pruebas y problemas en este momento, permite que te aliente a dejar a un lado este libro por unos momentos, cerrar los ojos, y verte a ti mismo con un futuro que no está lleno de problemas. Mira la victoria; mira el cambio. Pablo escribe que Dios puede «hacer muchísimo más de lo que nos atrevemos a pedir o pensar [infinitamente por encima de nuestras mayores oraciones, deseos, pensamientos, esperanzas o sueños]» (Efesios 3:20 AMP, traducción libre). Mira con los ojos de la fe y te sorprenderás ante lo que Dios hace en tu vida.

Nuestro enemigo el diablo intenta lograr que tengas una actitud negativa; sin embargo, si quieres recibir bendición en tu desorden, decide ser positivo incluso si no tienes una circunstancia que parezca realmente ser positiva. Ten la fe suficiente para ver algo que está más allá de tus problemas, y no permitas que la negatividad de otra persona te persuada a renunciar a tus esperanzas y sueños.

Cuando Dios me llamó al ministerio, yo conocía a muchas personas. De todas ellas, solamente dos me dieron aliento. El resto me dijo que yo no podía estar en el ministerio porque no tenía la preparación académica correcta. Me dijeron que, incluso si pudiera hacerlo, no debería hacerlo porque soy una mujer, y una persona incluso me dijo que no tenía la personalidad adecuada. Estoy por siempre agradecida porque Dios me dio la gracia y la fe para confiar en Él más de lo que confiaba en las personas negativas en mi vida, porque cuarenta y cinco años después sigo estando en el ministerio.

El poder de una mente positiva

Algunas veces, antes de hablar en público, miro los rostros de las personas en la audiencia. Me encanta ver las brillantes sonrisas y expresiones de anticipación; sin embargo, normalmente veo también algunos rostros que muestran opresión y desaliento. Yo no sé nada acerca de esas personas, pero sus caras se ven tristes. Parece que han perdido toda esperanza y no esperan que suceda nada positivo. Muchas veces, las personas que solo tienen expectativas negativas obtienen exactamente lo que esperan. Entiendo a las personas que se sienten desalentadas, porque yo era una de ellas. Sé que están inmersas en sus problemas y se niegan a ver más allá de ellos.

Las mentes positivas producen vidas positivas.

He aprendido que una mente positiva produce una vida positiva, pero una mente negativa produce una vida negativa.

Mateo 8:5–10 relata la historia de un soldado romano cuyo siervo estaba enfermo, y el soldado quería que Jesús lo sanara. Eso no era poco común, pues muchas personas querían que Jesús sanara a sus seres queridos o a ellos mismos. Sin embargo, este soldado, en lugar de pedir a Jesús que fuera hasta donde estaba su siervo, expresó su creencia en que, si Jesús declaraba una palabra de sanidad, su siervo quedaría sano (Mateo 8:8). Jesús se maravilló ante su fe y envió su palabra para sanar al siervo. La mentalidad positiva del soldado (su fe) condujo a resultados positivos. Él esperaba sanidad para su siervo, y eso fue lo que recibió.

Demasiadas veces pedimos a Jesús que nos sane, nos provea financieramente, nos libre de los problemas o nos ayude de algún otro modo, pero no esperamos totalmente que nos bendiga de las maneras que hemos pedido. Permitimos que nuestra mente se mantenga enfocada en nuestros problemas en lugar de creer que Dios producirá las soluciones que necesitamos. La duda y la incredulidad robarán nuestra fe si no tenemos cuidado con mantener nuestros pensamientos llenos de fe y confianza en Dios.

Hace muchos años atrás, yo era extremadamente negativa. Solía decir que, si tenía dos pensamientos positivos seguidos, mi mente tendría un cortocircuito. Eso es una exageración, desde luego, pero refleja el modo en que me veía a mí misma. Creía, como creen muchas personas, que si no esperaba que me sucediera nada bueno, no quedaría defraudada cuando eso sucediera. Qué modo de vivir tan infeliz.

Podría haber excusado mi actitud negativa hablando a las personas acerca de las muchas decepciones que había experimentado; sin embargo, mi decepción no se debía totalmente a mi falta de expectativa. Parte de ella estaba arraigada en el hecho de que pensaba negativamente y hablaba negativamente. Cuando las personas me hablaban acerca de sus victorias espirituales, yo pensaba: *Eso no durará*. Cuando las personas hablaban de su fe, yo sonreía, pero pensaba: *Son muy ingenuas*. A menudo pensaba como irían mal los planes o cómo me defraudarían las personas. Había experimentado tantas dificultades y decepciones en mi vida, que tenía temor a esperar nada bueno porque no quería experimentar otra decepción.

Indudablemente, yo no era feliz. Los pensadores negativos nunca son felices. Aprender que el pensamiento negativo conduce a una vida infeliz fue un largo proceso para mí, pero cuando entendí que yo era una persona muy negativa, clamé a Dios pidiendo que me ayudara. Poco después aprendí que, si seguía estudiando la Palabra de Dios, podía resistir los pensamientos negativos en lugar de permitir que arruinaran mi vida. Era mi responsabilidad convertirme en la clase de creyente que honra a Dios en mis pensamientos, palabras y obras.

Los pensadores negativos nunca son felices.

Entendí el remordimiento que debió haber sentido David cuando escribió el Salmo 51. Comienza con esta frase: «Ten compasión de mí, oh Dios, conforme a tu gran amor» (Salmos 51:1). Medité especialmente en el versículo 9: «Aparta tu rostro de mis pecados y borra toda mi maldad». Yo no había pecado del mismo modo que lo hizo David, pero mi pensamiento negativo y mi mala actitud seguían siendo pecado, y no meramente debilidades o malos hábitos.

La Palabra de Dios no nos enseña a pensar pensamientos negativos sino a pensar en cosas que son verdaderas, nobles, admirables y excelentes (Filipenses 4:8). A medida que continué estudiando la Escritura y pidiendo ayuda a Dios, Él tuvo misericordia de mí. Todavía continúa liberándome de fortalezas que Satanás ha edificado en mi mente mediante el pensamiento negativo, y está preparado y espera hacer lo mismo por ti. Pensamientos y personas negativas nos rodean, porque el diablo sabe que si tenemos fe en Dios y pensamos positivamente acerca de nuestro futuro nos sucederán cosas buenas, y hará todo lo que pueda para evitar que eso suceda.

Sin remordimientos

Nunca te permitas a ti mismo revolcarte en el remordimiento.

Cuando tenemos remordimientos, nos sentimos tristes o decepcionados acerca de algo que ha sucedido o algo que hemos hecho. Todo el mundo comete errores, pecados, y experimenta pérdidas. Sin embargo, si nos permitimos a nosotros mismos revolcarnos por demasiado tiempo en el remordimiento, nos robará la alegría de la vida que Dios quiere que tengamos, el gozo que Jesús murió para que tengamos. Él dijo:

> El ladrón no viene más que a robar, matar y destruir; yo he venido para que tengan vida, y la tengan en abundancia.
>
> Juan 10:10

Yo pasé muchos años sin disfrutar de mi vida, pero cuando entendí que disfrutar de mi vida era la voluntad de Dios y que Jesús desea que tenga una vida llena de gozo, me volví decidida a aprender cómo disfrutarla. Crecí en un hogar donde no había alegría ni disfrute; en realidad era un hogar lleno de temor y desgracia, y simplemente nunca aprendí a disfrutar de la vida o ni siquiera a pensar que disfrutarla era una opción. Hubo muchos pasos en mi aprendizaje hacia disfrutar de la vida. Por una parte, tuve que aprender que el trabajo no era lo único que me daba dignidad y valor. También tuve que aprender a vivir sin culpabilidad. Y tuve que aprender a vivir sin remordimientos.

Indudablemente, si hago daño a alguien o cometo un pecado, lamento lo que hecho; sin embargo, también he aprendido a arrepentirme, pedir perdón, recibirlo, y seguir adelante. Dios me ha enseñado la inutilidad de la culpabilidad. Jesús ya pagó por nuestros pecados completamente (1 Pedro 2:24–25), y añadir nuestra culpabilidad a ello no ayuda en nada. Todo fruto de la culpabilidad es negativo; nos hace sentir separados de Dios, afecta negativamente nuestra vida de oración, y puede hacer que sea difícil llevarse bien con nosotros. Nos sentimos tan mal con nosotros mismos, que mostramos nuestra negatividad con otras personas. Los sentimientos de culpabilidad incluso pueden hacernos enfermar. Podemos «sentirnos» culpables, pero la Palabra de Dios dice que, cuando nos hemos arrepentido, Dios perdona el pecado y quita la culpabilidad (Hebreos 9:14). Te aliento a que no vivas guiándote por lo que sientes, sino que vivas por la Palabra de Dios. Piensa en estas palabras de Salmos 32:5:

> Pero te confesé mi pecado, y no te oculté mi maldad. Me dije: «Voy a confesar mis transgresiones al Señor», y tú perdonaste mi maldad y mi pecado. *Selah*.

> *Puedes sentir tristeza por tus pecados, pero no debes vivir con ella.*

Como Jesús pagó por nuestros pecados, cuando nos arrepentimos, Dios nos perdona y olvida nuestro pecado (Hebreos 8:12).

Si Dios ha perdonado nuestros pecados, ¿por qué deberíamos seguir recordándolos y sentir remordimiento por ellos? Puede que nos sintamos tristes por nuestros pecados, pero no debemos vivir con esa tristeza. Segunda de Corintios 7:10 dice: «La tristeza que proviene de Dios produce el arrepentimiento que lleva a la salvación, de la cual no hay que arrepentirse, mientras que la tristeza del mundo produce la muerte». Ten tristeza que proviene de Dios por tus pecados, no la tristeza del mundo. Entonces arrepiéntete, recibe perdón, y sigue adelante. Recuerda que, cuando confesamos nuestros pecados a nuestro Dios fiel y justo, Él nos perdonará y nos limpiará de toda maldad (1 Juan 1:8–9).

Parte de vivir con positividad es aprender a soltar los remordimientos en lugar de permitir que se acumulen hasta que nuestra vida esté llena de ellos.

Ayer mismo yo estaba malhumorada con alguien que es muy amable conmigo y no se merecía en absoluto mi mala actitud. Me disculpé, y me arrepentí. A fin de convertir lo que hice en algo positivo, decidí que, aunque no debería haberlo hecho, al menos aprendí una lección y obtuve una experiencia que me ayudará a no volver a hacerlo.

Busca un lado positivo en tus errores.

Hay un lado positivo en la mayoría de nuestros errores, y lo encontraremos si lo buscamos. Aunque no sea otra cosa, al menos podemos aprender a no volver a hacer lo mismo otra vez. Estamos tan acostumbrados a sentirnos desgraciados cada vez que hacemos algo equivocado, que puede que nunca se nos ocurra que hacer algo equivocado puede ser un desarrollo positivo si buscamos el bien que puede salir de ello.

No puedes correr más rápido que tus problemas.

Dave y yo hemos tenido confrontaciones que me hicieron sentir desgraciada, pero después nuestra relación fue siempre mejor. La confrontación no es divertida, pero cualquier cosa que nos neguemos a confrontar seguirá persiguiéndonos. No podemos correr más rápido que nuestros problemas, porque sin importar cuánto corramos, seguirán siendo estando ahí cuando nos detengamos.

El Dr. Norman Vincent Peale escribió un libro titulado *El poder del pensamiento positivo.* Se publicó en 1952 y sigue estando en circulación actualmente. Ha vendido millones de ejemplares en todo el mundo. Basándome en el éxito de este libro, parece obvio que las personas están interesadas en ser más positivas. Todos deberíamos buscar ser más positivos. Un modo en que podemos recibir bendición en nuestro desorden es ser positivos incluso cuando sucedan cosas negativas.

CAPÍTULO 10

Sigue siendo paciente

¿Qué debemos hacer entonces acerca de nuestros problemas? Debemos aprender a vivir con ellos hasta el momento en que Dios nos libre de ellos. Si no podemos eliminarlos, entonces debemos orar por gracia para soportarlos sin murmuración. Los problemas soportados pacientemente obrarán para nuestro perfeccionamiento espiritual. Nos dañan solamente cuando los resistimos o los soportamos de mala gana.

A. W. Tozer[18]

La paciencia no es simplemente la capacidad de esperar; incluye nuestra actitud y nuestra conducta mientras esperamos. Esperar en la vida no es una opción. Todo el mundo espera. Esperamos que las personas hagan las cosas que necesitamos que hagan. Esperamos en la fila del supermercado. Esperamos en la consulta del médico. Cuando estamos enfermos, esperamos ponernos bien. Esperamos en el tráfico. Y esperamos que Dios nos libre de las pruebas de la vida.

Hace muchos años atrás, leí que la paciencia es un fruto del Espíritu que solamente crece bajo las pruebas, y nunca lo he olvidado. ¡Vaya! Me gustaría poder obtener paciencia de algún otro modo, y probablemente también te gustaría a ti.

El pasaje de Santiago 1:2–3 nos enseña a estar gozosos en todo tipo de pruebas porque «producen constancia». Observemos que dice que las pruebas «producen» constancia (paciencia), pero en mi vida produjeron muchas otras cualidades mucho antes de producir paciencia. Produjeron autocompasión, desaliento, enojo, razonamiento, pérdida de paz, y otras características poco piadosas. Ahora veo que aquello fue bueno para mí porque las pruebas me forzaron a llegar a conocerme a mí misma tal como era, y no como yo *pensaba* que era. Yo creía que era una mujer de fe, y me veía a mí misma siendo mucho más fuerte de lo que demostré ser cuando fui probada. Dios me ayudó a lidiar con cada una de mis actitudes desagradables y a superarlas. Al final, pude llegar a la paciencia.

Ser paciente significa tener ánimo que soporta, y paciencia significa longanimidad con bondad, gentileza, moderación y constancia. Estas definiciones tienen sentido a la luz de todo lo demás que he aprendido acerca de la paciencia. Dios quiere que seamos constantes, lo que significa ser igual en los momentos difíciles y en los tiempos buenos, incluso si estamos atravesando sufrimiento.

> *Dios quiere que seas constante, incluso si estás sufriendo.*

La palabra *longanimidad* es sinónimo de *paciencia*, y como probablemente puedes ver, significa sufrir por mucho tiempo. Por lo tanto, la paciencia no es un sentimiento agradable. La paciencia es la decisión de permanecer calmado y tranquilo durante la adversidad. En las dos últimas horas, mientras he intentado escribir acerca de la paciencia, he recibido muchas llamadas telefónicas que requerían acción por mi parte. Resulta que mi hija estaba en casa cuando llegó la última llamada, y le dije: «Si mi teléfono suena una vez más, ¡lo lanzaré por la ventana!». Admito que esa frase no sonó muy paciente. Yo tenía la opción de simplemente no responder al teléfono. Podría haber devuelto las llamadas más adelante cuando no estuviera escribiendo, pero, por algún motivo, muchas personas (yo misma incluida) parece que no pueden dejar en espera una llamada sin descubrir qué quiere la persona que llama. Quien llama no sabe que nos está interrumpiendo, de modo que en realidad somos nosotros quienes causamos el problema.

A veces, el diablo sigue presionándonos hasta que finalmente nos empuja por el precipicio. Cada vez que lo hace, es de esperar que aprendamos algo de la experiencia, y creo que Dios nos da la capacidad de manejarlo la próxima vez. Yo estoy decidida a tener una actitud positiva hacia todo lo que me suceda y, con la ayuda de Dios, seguir creciendo en paciencia. No he llegado, pero no abandonaré.

¿Qué sucede cuando no somos pacientes?

Lucas 21:19 dice: «Tengan paciencia, que así ganarán sus almas» (RVC). Si no ganas o posees tu alma (mente, voluntad, y emociones), te poseerá a ti. Tu mente te gobernará, tus emociones te gobernarán, y tu propia voluntad (capacidad de decidir) terminará controlándote en lugar de que la uses para controlarte a ti mismo. Debemos ser espirituales y dejar que el Espíritu Santo nos dirija, no permitir que nuestra mente, nuestra voluntad y nuestras emociones dicten nuestras vidas.

Cuando no somos pacientes, estamos frustrados la mayoría del tiempo. *Frustrar* significa «evitar que (un plan, intento de acción) progrese, tenga éxito, o se cumpla».[19] La frustración ocurre cuando intentamos hacer algo acerca de una situación en la que no podemos hacer nada; cuando intentamos hacer que algo suceda que solamente Dios puede hacer que suceda; cuando no tenemos la habilidad para conseguir algo que no tenemos; o cuando intentamos librarnos de algo que sí tenemos y, sin importar lo que hagamos, eso no se va.

> *La frustración ocurre cuando intentas hacer que algo suceda que solo Dios puede hacer que suceda.*

Cuando no somos pacientes, a menudo nos metemos en

obras de la carne, que son nuestras brillantes ideas y planes para conseguir lo que queremos mediante el esfuerzo humano, y conseguirlo *ahora*, sin esperar que Dios nos ayude. Yo denomino esas obras de la carne «obras que no funcionan» porque Dios no está en ellas. En realidad, interrumpen y demoran el progreso de Dios. Cuando nos involucramos en ellas, hemos aprendido que Él tiende a posponer lo que había planeado y esperar a que comprendamos que nuestros planes no tendrán éxito sin su bendición. Fe es «entregar a Dios toda nuestra personalidad humana en absoluta confianza en su poder, sabiduría, y bondad» (ver Colosenses 1:4). Dios espera que confiemos totalmente en Él. No debemos ser pasivos cuando vamos por la vida; solamente deberíamos emprender la acción tal como Dios nos dirija a hacerlo, y no solo cuando nosotros queramos.

Dios espera que confíes totalmente en Él.

Por ejemplo, imaginemos que quiero que mi esposo haga algo que yo no he podido conseguir que haga, de modo que he estado orando para que Dios lo ayude a ver las cosas a mi manera (probablemente, esa no es una buena forma de orar). Parece que no sucede nada, de modo que decido intentar convencer a Dave una vez más, lo cual termina haciendo que él se resista todavía más que antes. Ahora tengo que esperar incluso más tiempo para que Dios se mueva por mí.

Eclesiastés 7:8 dice: «Vale más el fin de algo que su principio. Vale más la paciencia que la arrogancia». Las personas que son arrogantes toman las riendas y hacen lo que quieren, pero

Cuando eres impaciente, pierdes la paz y el gozo.

Dios se agrada cuando obedecemos sus mandamientos, no cuando hacemos lo que queremos y esperamos que Él haga que nos funcione. Deberíamos orar, obtener la dirección de Dios, y *entonces* planear, en lugar de crear nuestro propio plan y después orar para que funcione.

Cuando somos impacientes, perdemos la paz y el gozo. La impaciencia nos hace sentir molestos, y eso no es la voluntad de Dios para nosotros. El reino de Dios es «justicia, paz y alegría en el Espíritu Santo» (Romanos 14:17).

He estado diciendo que podemos recibir bendición en el desorden de nuestras vidas si hacemos las cosas a la manera de Dios, y la paciencia es la manera de Dios. La impaciencia causa estrés, y el estrés causa enfermedad. Una persona que no espera bien finalmente verá los resultados en su cuerpo físico. Según la Clínica Cleveland,[20] el estrés puede afectarnos físicamente de las siguientes maneras:

La impaciencia causa estrés, y el estrés causa enfermedad.

- Dolores y sufrimiento
- Dolor de pecho o la sensación de que el corazón se acelera
- Agotamiento o problemas para dormir
- Dolor de cabeza, mareos o temblores
- Alta presión sanguínea
- Tensión muscular o mandíbula tensa
- Problemas estomacales o digestivos
- Problemas sexuales
- Sistema inmune débil

Según la Clínica Mayo,[21] el estrés también puede afectarnos mentalmente y emocionalmente de las siguientes maneras:

- Ansiedad
- Agitación
- Falta de motivación o enfoque
- Sentirnos abrumados
- Irritabilidad o enojo
- Tristeza o depresión

Considera las siguientes preguntas sobre cómo manejas el estrés:

- ¿Cómo actúas mientras esperas en una fila que se mueve *muy* lentamente?
- ¿Cómo te comportas cuando otro conductor hace algo que consideras estúpido?
- ¿Cómo actúas cuando tienes prisa para cumplir con una fecha límite y tienes problemas en tu computadora?
- ¿Cómo actúas cuando estás en medio de un gran atasco de tráfico debido a un accidente?
- ¿Cómo respondes cuando las circunstancias no son como te gustaría que fueran?

Quisiera compartir algunas situaciones que causan estrés en mi vida y pedirte que pienses en cómo te sientes cuando encuentras circunstancias parecidas:

- ¿Cómo actúas cuando alguien no entiende tus instrucciones la primera vez que las das, y tienes que decírselo a esa persona una y otra vez? Esto es una debilidad para mí.

- ¿Cómo actúas cuando le pides algo a alguien, y esa persona te da algo totalmente diferente? Dave y yo a menudo pedimos comida para llevar y comerla en casa. Indudablemente, puedo decir que al menos la mitad de las veces, algo no es correcto en el pedido. La comida no era la que pedimos, se olvidaron de incluir algo, o estaba mal empaquetado y la comida terminó en el fondo de la bolsa. En una ocasión, pedimos una hamburguesa doble carne con queso para Dave y, al llegar a casa, descubrimos que no tenía queso. Yo pensé que eso estuvo mal hasta que un amigo me dijo que una vez pidió una hamburguesa con queso al mismo restaurante y, cuando comenzó a comérsela, descubrió que no tenía ni carne ni queso; solamente tenía pan, pepinillos y condimentos. Ahora hemos llegado al punto en el que, cuando pedimos algo para llevar, abrimos el paquete antes de salir del restaurante para asegurarnos de que todo está correcto. Cuando no lo está, tenemos que esperar un poco más mientras lo solucionan. Incluso hemos tenido que devolver comida dos o tres veces. Me siento impaciente simplemente hablándote de lo que a veces experimentamos para recibir los platos que pedimos.
- ¿Qué haces cuando quieres comprar algo, pero sabes que deberías esperar y ahorrar el dinero para eso en lugar de cargarlo a una tarjeta de crédito que ya está casi al límite? ¿Causa la impaciencia que te metas en

más deudas y vayas en contra de lo que te dicta tu conciencia?

Planteo todas esas preguntas solamente para hacerte pensar. Yo he tenido que lidiar con cada una de esas situaciones, y sigo haciéndolo en ocasiones. Si tú también lidias con ellas, créeme cuando digo que lo entiendo.

He aprendido a decidir no permitir que cada incomodidad me cause estrés. Si nos permitimos sentirnos molestos por todo lo que no nos gusta, el estrés será demasiado y finalmente dañará nuestra salud. Espero que tomes la decisión de crecer en paciencia cuando te veas tentado a sentirte estresado. Eso te ayudará a mantenerte en paz, y será bueno para tu salud.

Disfruta el momento

Dios quiere que disfrutemos del tiempo que Él nos da, y cada momento que desperdiciamos es un momento que nunca recuperaremos. La paciencia nos permite disfrutar del presente, pero las personas impacientes no lo disfrutan porque quieren dejar atrás el momento presente y llegar al siguiente. Las personas impacientes nunca están contentas con el *aquí y ahora*; siempre van a ser felices cuando suceda algo que han estado esperando. Creo que una de las mayores tragedias de la vida es estar molesto por lo que no tenemos a la vez que no disfrutamos de lo que sí tenemos.

> *Estar molesto por lo que no tienes mientras no disfrutas lo que sí tienes es una de las mayores tragedias de la vida.*

Las personas impacientes van apresuradas todo el tiempo, incluso cuando no van a ningún lugar concreto. Una persona paciente es una persona poderosa. La Biblia dice que es mejor ser una persona paciente con dominio propio que un guerrero que puede conquistar toda una ciudad en la batalla (Proverbios 16:32).

Cada momento que tenemos es verdaderamente un regalo de Dios, y no disfrutarlo es trágico. Los momentos que perdemos a menudo albergan milagros que pasamos por alto, tal vez el milagro de una flor en plena floración, o el milagro de escuchar lo que Dios intenta decirnos, o el milagro de cambiar una vida al mostrar bondad. Nos perdemos momentos como esos porque estamos demasiado apresurados para incluso darnos cuenta de que están ahí.

He escuchado que el mayor regalo que podemos tener es el presente. Es el momento que tenemos, sin saber nunca si será el último. Yo necesito desesperadamente este capítulo que estoy escribiendo, de modo que, si tú no lo necesitas, entonces estoy contenta de escribirlo solamente para mí misma. Necesito que me recuerden estas cosas a fin de mantenerme en la senda correcta. La paciencia hay que practicarla, y seguir practicándola una y otra vez. Algunas personas son más pacientes que otras debido a su temperamento. Dave es una de esas personas y yo no lo soy, de modo que tengo que practicar un poco más (bueno, seamos sinceros), tengo que practicar *mucho* más que él.

Gran parte de la vida es común y corriente. De hecho, la mayor parte de la vida es común y corriente. Y, durante nuestros días corrientes, a veces suceden cosas desordenadas.

Cuando eso pasa, podemos ejercitar la paciencia en el desorden permitiendo que el mundo haga lo que quiera mientras nosotros nos mantenemos estables y contentos. Las personas pacientes están agradecidas por las cosas buenas que hay en sus vidas, y confían en que Dios hará que todo obre para su bien.

Las personas que son pacientes disfrutan de todo lo que hacen, incluso de las tareas que normalmente no serían agradables. Su actitud es lo que les permite disfrutar de esas cosas. Sus tareas tal vez no sean divertidas, pero, cuando las personas son pacientes, pueden tener gozo mientras las hacen porque han tomado la decisión de tenerlo.

Nunca abandones

Las personas que han desarrollado paciencia se niegan a abandonar, sin importar cuántas veces hayan intentado algo antes de tener éxito finalmente. Tampoco tiran la toalla y dan la espalda a personas que necesitan cambiar. Siguen orando y creyendo que Dios está obrando y que finalmente verán un cambio.

El mundo está lleno de personas exitosas que fallaron muchas veces antes de tener éxito. ¿Por qué? Porque nunca abandonaron. Muchas de ellas no tenían ningún talento especial; simplemente eran personas decididas y determinadas.

Disfruta de la lectura de esta historia acerca de la araña y el rey.

La araña y el rey

Hace cientos de años atrás, las cosas no iban bien para el rey Roberto de Escocia. Su país estaba perdiendo una guerra contra Inglaterra, y muchos de sus soldados habían sido capturados. Finalmente, el rey se vio obligado a esconderse en una cueva, intentando escapar del ejército inglés. Cuando se enteró de que su esposa y su hija había sido tomadas prisioneras y que sus hermanos habían muerto, decidió abandonar y morir en la cueva.

Poco después vio a una araña que tejía su red por el techo de la cueva. Observó cómo la araña tejía una línea sobre la cual asegurar su red, y después iba a un lado y otro del techo para fijar un hilo de la red a una parte del techo y las paredes de la cueva. Muchas veces, la araña intentaba balancearse hasta el otro lado y fallaba. Él comenzó a contar y se dio cuenta de que la araña se había balanceado seis veces intentando fijar uno de los hilos. Y, esas seis veces, no lo consiguió.

El rey habló a la araña, diciendo: «Pequeña araña, bien podrías abandonar, como hice yo». Pero la araña lo seguía intentando. Trabajó cada vez más duro hasta que, finalmente, llegó donde quería estar.

Cuando el rey se dio cuenta de que la araña falló seis veces, pero tuvo éxito en el séptimo intento, se puso de pie y declaró: «Y, por Escocia, ¡yo también venceré!». Salió de la cueva, comenzó a reunir soldados e inspirarlos para que pelearan con él, y después de una batalla valiente, finalmente consiguió expulsar de Escocia a los ingleses.

El rey entonces hizo un tratado con Inglaterra y liberó a los soldados ingleses que había capturado. Los ingleses permitieron que la esposa y la hija del rey fueran libres, y regresaron a su hogar en Escocia junto con el rey. Más adelante, el hijo del rey Roberto se casó con la hija del rey de Inglaterra, y los dos países vivieron en paz. El rey Roberto nunca olvidó la lección de perseverancia que aprendió de la pequeña araña en la cueva.[22]

¿Por qué debería tener una araña más paciencia que tú y que yo? El rey estaba deprimido después de haber sido derrotado, pero tras ser testigo de la determinación de la araña, decidió seguir intentándolo hasta que tuvo éxito. Durante el resto de la historia no se menciona nada acerca de que estuviera deprimido. Nos sentimos deprimidos cuando abandonamos, pero la actividad y la esperanza nos llenan de felicidad.

Necesitamos negarnos a quedar atrapados en nuestros problemas del pasado o del presente. Por lo general, necesitamos tener una nueva actitud antes de poder ver cambiar nuestras circunstancias. La Biblia dice que el vino nuevo no puede echarse en odres viejos (Marcos 2:22). Un modo de considerar este versículo es decir que una vida nueva no encajará en un pensamiento viejo. Cambia tu mente y cambia tu actitud, y una vida cambiada será el resultado.

Niégate a quedar atrapado en tus problemas del pasado o del presente.

Abandonar es fácil. Cualquiera puede abandonar, pero son

necesarias fortaleza y determinación para seguir adelante cuando el viaje es largo y difícil. Confía en que el modo en que Dios te dirige, sea cual sea ese modo, es el mejor. Y confía en que su tiempo en tu vida es perfecto.

Todos tenemos planes e ideas acerca de cómo pensamos que deberían salir las cosas en nuestras vidas; sin embargo, si lo que planeamos no se produce, o incluso si lo que Dios había planeado originalmente no funciona debido al error humano, Él siempre tiene un plan nuevo y mejor. Dios no abandona, de modo que ¿por qué deberíamos hacerlo nosotros? Dios es extraordinariamente paciente.

Dios tenía un plan para que Saúl fuera rey de Israel, y fue rey durante un periodo de tiempo; sin embargo, Saúl fue rebelde y no esperó en Dios. En cierto momento, el profeta Samuel le dijo que no ofreciera un sacrificio antes de ir a la guerra hasta que él mismo, Samuel, llegara. También le dijo que tendría que esperar su llegada por siete días en un lugar llamado Gilgal (1 Samuel 10:8). Antes de que terminara el séptimo día, los soldados de Saúl comenzaron a irse, de modo que Saúl ofreció el sacrificio de todos modos (1 Samuel 13:8–9). Su impaciencia hizo que perdiera el reino.

Cuando Samuel lloraba la pérdida de Saúl, Dios le preguntó cuánto tiempo iba a lamentarse después de que Él hubiera rechazado a Saúl como rey. Le dijo: «llena de aceite tu cuerno, y ponte en camino. Voy a enviarte a Belén, a la casa de Isaí, pues he escogido como rey a uno de sus hijos» (1 Samuel 16:1). Saúl fracasó, pero Dios tenía un plan nuevo y mejor, que era que David fuera ungido rey.

Cuando fallamos, pero seguimos confiando en Dios, Él siempre tiene un plan nuevo. Deja de mirar tu pasado y comienza a mirar tu futuro. Nunca abandones hasta que estés disfrutando la vida que Jesús murió para darte.

Ayuda para construir paciencia

Meditar en la Escritura nos ayuda a hacer lo que Dios quiere que hagamos, y Él quiere que crezcamos en paciencia. A continuación, tenemos cinco versículos relacionados con la paciencia para que los leas, pienses y medites en ellos.

> Alégrense en la esperanza, muestren paciencia en el sufrimiento, perseveren en la oración.
>
> Romanos 12:12

> No nos cansemos de hacer el bien, porque a su debido tiempo cosecharemos si no nos damos por vencidos.
>
> Gálatas 6:9

> Siempre humildes y amables, pacientes, tolerantes unos con otros en amor.
>
> Efesios 4:2

> Guarda silencio ante el Señor, y espera en él con paciencia; no te irrites ante el éxito de otros, de los que maquinan planes malvados. Refrena tu enojo, abandona la ira; no te irrites, pues esto conduce al mal. Porque los impíos serán exterminados, pero los que esperan en el Señor heredarán la tierra.
>
> Salmos 37:7–9

Por lo tanto, como escogidos de Dios, santos y amados, revístanse de afecto entrañable y de bondad, humildad, amabilidad y paciencia.

Colosenses 3:12

CAPÍTULO 11

Sé agradecido

Si la única oración que jamás hagas en toda tu vida es gracias, será suficiente.

Meister Eckhart[23]

He mencionado que Dios nos bendecirá en nuestro desorden si hacemos las cosas a su manera, y si queremos tener éxito y ser bendecidos en la vida, no podemos ignorar la importancia de una actitud de agradecimiento. Nuestras vidas necesitan estar llenas de gratitud. Mientras más agradecidos seamos, más poderosas son nuestras oraciones y menos acceso tiene Satanás, nuestro enemigo espiritual, a nuestras vidas.

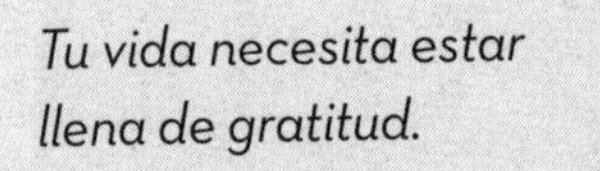
Tu vida necesita estar llena de gratitud.

He dicho con frecuencia que creo que caminar en amor es una forma de guerra espiritual, y también creo que estar agradecido es un modo de hacer guerra contra el enemigo. Me gusta esta frase de Salmos 100:4: «Sean agradecidos y díganselo a Él» (AMP, traducción libre). Podemos considerar que somos agradecidos, pero ¿lo decimos? Si no lo hacemos, necesitamos decirles a Dios y a las personas que estamos agradecidos por ellos y por lo que hacen por nosotros.

Creo que una manera positiva en que nos afectan las pruebas y los problemas es que nos hacen estar agradecidos por las cosas buenas que hay en nuestras vidas. Si todo en nuestra vida es bueno todo el tiempo, comenzamos a darlo por sentado y perdemos nuestro aprecio por ello.

Si todo en la vida fuera bueno todo el tiempo, podrías darlo por sentado.

Incluso en medio de nuestros peores problemas, todos

podemos encontrar cosas por las que estar agradecidos. Puede que no te guste tu empleo o algunas de las personas con quienes trabajas, pero aun así puedes estar agradecido por tener un empleo y recordar que hay muchas personas desempleadas a quienes les gustaría tener el trabajo del que tú te quejas. Puede que no te gusten algunas de las cosas que hace tu jefe, pero la situación podría ser peor. En este momento puede que estés frustrado con tu cónyuge, pero probablemente hay personas solas en todo lugar que con alegría cambiarían el aislamiento de la soledad por los retos inherentes que hay en las relaciones cercanas.

Sé agradecido a propósito

La queja se produce automáticamente si no nos comprometemos a ser agradecidos intencionalmente. Nuestra carne siempre está preparada para quejarse de algo, pero eso no conduce a la bendición. Hay cientos de versículos en la Biblia que hablan de ser agradecidos y tener gratitud. Uno de mis favoritos es el siguiente:

> No se inquieten por nada; más bien, en toda ocasión, con oración y ruego, presenten sus peticiones a Dios y denle gracias.
>
> Filipenses 4:6

Cuando estamos preocupados, Dios nos da el privilegio de orar en cada circunstancia y dar a conocer nuestras peticiones a Él, pero nos dice que lo hagamos con acción de gracias. Si no estamos agradecidos por lo que ya tenemos, no estaremos preparados para nada más. Las personas agradecidas son personas humildes que no tienen una actitud de pensar que merecen algo, sino una actitud de gratitud.

Literalmente, hay miles de cosas a nuestro alrededor por las que podemos estar agradecidos si sencillamente las buscamos. ¿Qué del aire que respiramos? Puede que nunca hayamos dado gracias a Dios por eso, pero las personas que tienen problemas de pulmones están agradecidas por cada respiración. ¿Qué hay del color? Imagina qué aburrida sería la vida si todo fuera blanco, negro y gris. ¿Manejaste en medio del tráfico hoy y llegaste a tu destino sano y salvo? En ese caso, es una razón por la que estar agradecido.

En los Estados Unidos, la mayoría de las personas tienen agua caliente y fría que sale por los grifos en sus casas y, sin embargo, en muchas partes del mundo hay personas que caminan kilómetros cada día solamente para llevar a sus casas agua sucia y llena de bacterias porque eso es lo único que tienen.

Puede que algunas veces estés atascado en el tráfico, pero probablemente tienes calefacción o aire acondicionado, dependiendo de la climatología. Puedes estar agradecido de estar en un auto en lugar de estar esperando en una parada de autobús cuando hace mal tiempo. ¿Comiste hoy? Muchas personas en el mundo no lo han hecho.

La lista de razones por las que estar agradecidos puede continuar. Sin embargo, cuando la incomodidad llega a nuestro camino, nuestro primer impulso es quejarnos a menos que decidamos ser agradecidos a propósito.

Mi familia y yo íbamos recientemente de camino al aeropuerto cuando descubrimos que nuestro vuelo tenía una demora de cinco horas. Admito que mi primer impulso fue el de murmurar, pero mi hija, que estaba sentada a mi lado en el auto, dijo rápidamente: «Todas las cosas obran para bien. Puede que Dios nos esté salvando de un mal accidente». Yo me calmé de inmediato, e hicimos planes para pasar el tiempo de espera haciendo algunas cosas que resultaron ser muy agradables. Si mantenemos una buena actitud de agradecimiento, eso abre la puerta para que Dios convierta un problema en una bendición; sin embargo, si nos quejamos, eso abre una puerta para que el diablo haga que el problema sea peor de lo que ya es.

Conozco a alguien que tiene cáncer terminal, y ella tiene una mejor actitud de la que tienen muchas personas que conozco y que gozan de buena salud. Ha decidido que no va a pasar sus últimos meses en la tierra quejándose, y realmente le admiro por eso.

Yo he tomado la decisión de estar agradecida, pero tengo que seguir tomándola cada día. Me va bien con el agradecimiento durante un rato, y entonces sucede algo que no me gusta y me quejo, tengo que arrepentirme, y después volver a comprometerme a estar agradecida. Pero sé que, si sigo en ello y no abandono, alcanzaré mi meta de vivir una vida de gratitud, porque veo progreso regularmente.

Cuando quieras formar un nuevo hábito en tu vida, no te desalientes por ver cuánto te queda aún por recorrer. Toma aliento al ver cuán lejos has llegado mientras estás haciendo progreso, poco a poco.

¿Cuál es la voluntad de Dios para mi vida?

Una de las preguntas que las personas me hacen frecuentemente es la siguiente: «¿Cuál es la voluntad de Dios para mi vida?». Entiendo que a menudo me preguntan qué quiere Dios específicamente que hagan como carrera profesional o en cierta situación, pero pensemos en la voluntad de Dios de un modo diferente. El apóstol Pablo escribe:

> Sean agradecidos en toda circunstancia, pues esta es la voluntad de Dios para ustedes, los que pertenecen a Cristo Jesús. No apaguen al Espíritu Santo.
>
> 1 Tesalonicenses 5:18–19 NTV

Estos versículos nos dicen que la voluntad de Dios para nosotros es que seamos agradecidos en todo, sin importar cuáles puedan ser nuestras circunstancias. Si no estamos siendo agradecidos en cada situación, ¿cómo podemos esperar que el Espíritu Santo nos guíe a la voluntad de Dios concreta para nuestras vidas? Si no somos agradecidos, apagamos o suprimimos al Espíritu Santo. Si tienes preguntas acerca de la voluntad de Dios para tu vida y parece que no recibes ninguna respuesta, pregúntate a ti mismo cuán agradecido eres. Si tienes carencia en esta área, aumenta sinceramente tu gratitud, y probablemente sentirás la guía del Espíritu Santo más claramente.

> *Aumenta tu gratitud, y sentirás la guía del Espíritu Santo más claramente.*

Creo que ser agradecido en toda circunstancia es algo bastante desafiante. Puede que tengamos que seguir trabajando en ello con la ayuda de Dios durante el resto de nuestras vidas. ¿Cómo podemos dar gracias a Dios por todo sin importar cuál pueda ser la circunstancia? ¿Y si la circunstancia es muy difícil, como la muerte de un ser querido, la pérdida de un empleo, o un accidente que nos deja inválidos toda la vida? El único modo en que creo que podemos seguir siendo agradecidos en tales situaciones es creer Romanos 8:28, que nos enseña que Dios hará que todas las cosas obren para nuestro bien si seguimos amándolo a Él y queremos su voluntad. Las circunstancias no tienen que ser positivas a fin de que Dios saque algo bueno de ellas. Si de ningún modo podemos encontrar la manera de dar gracias a Dios *por* la situación en la que estamos, entonces en medio de ella podemos al menos darle gracias por otras cosas buenas que Él está haciendo, y decirle que confiamos en que Él hará que la circunstancia actual obre de manera positiva.

El salmista David escribe: «Bendeciré al Señor *en todo tiempo*; mis labios siempre lo alabarán» (Salmos 34:1, énfasis de la autora). Cuando dice «bendeciré», está usando palabras fuertes. Se refieren a tomar una decisión y hacer un compromiso. Este versículo comunica que David está decidido a no hablar acerca de sus sentimientos sino alabar a Dios, y nosotros seríamos sabios en seguir su ejemplo.

Agradece a Dios repetidamente por las mismas cosas

No te canses de agradecer a Dios por las mismas cosas una y otra vez. Damos gracias a Dios por los alimentos en cada comida, por lo tanto, ¿por qué no hacer lo mismo con otras bendiciones que Él nos da? Pablo escribe a los creyentes en la iglesia en Filipos: «Doy gracias a mi Dios cada vez que me acuerdo de ustedes. En todas mis oraciones por todos ustedes, siempre oro con alegría, porque han participado en el evangelio desde el primer día hasta ahora» (Filipenses 1:3–5). No solo daba gracias a Dios por ellos una o dos veces; oraba por ellos cada vez que venían a su mente.

Tú y yo podemos hacer las mismas oraciones repetidamente también. Nunca dejes de dar gracias a Dios por entregar a Jesús para pagar por tus pecados. Nunca dejes de darle las gracias por enviar al Espíritu Santo a vivir en ti. Si tienes salud, dale gracias diariamente por una buena salud y fortaleza, porque es horrible estar enfermo todo el tiempo. Yo he tenido periodos de tiempo en los que he estado enferma, y puedo decirte que sentirse bien es mucho, mucho mejor. Si tienes familiares y amigos que te aman, es un motivo para estar agradecido, porque el mundo está lleno de personas solitarias. Créeme cuando digo que no te quedarás sin cosas por las que estar agradecido si las buscas.

No creo que deberíamos llevar nunca nuestras peticiones ante Dios sin antes darle gracias por lo que Él ha hecho ya por nosotros. La Biblia dice que entremos por sus puertas con acción de gracias (Salmos 100:4). Si lo tomamos literalmente, significa que ni siquiera podemos entrar en la presencia de Dios sin acción de gracias.

Siempre que comiences a sentirte deprimido o desalentado, comienza a dar gracias a Dios por las bendiciones que hay en tu vida. Puedes detener los ataques del enemigo con gratitud. Según Salmos 106:14, los israelitas deseaban muchas cosas mientras estaban en el desierto. Salmos 106:16 también dice que tenían envidia de Moisés y Aarón. Si eran codiciosos y celosos, no podían haber sido agradecidos. No deberíamos codiciar ni tener envidia de otras personas. Dios tiene un plan individual para cada uno de nosotros, y necesitamos confiar en que su plan para nosotros es perfecto. Si no estamos obteniendo lo que queremos en este momento, Él tiene un motivo para no dárnoslo todavía.

Una de las peores cosas que puede sucederle a una persona es obtener algo que no es parte de la voluntad de Dios para ella o que llega fuera del momento oportuno de Dios. Los israelitas estaban cansados del maná que Dios les daba diariamente, y deseaban comer carne. Cuando Dios les dio carne, comieron tanto que se enfermaron (Números 11:4–6, 31–34). Algunas veces creemos que sabemos lo que queremos, y Dios tiene que darnos eso para que entendamos que no es lo que queremos en absoluto.

Las personas agradecidas son personas felices

Una persona que es agradecida cae bien. Por otro lado, sin importar cuánto le gustes a una persona, se cansará de estar cerca de ti se te quejas todo el tiempo. Además de ser agradecidos a Dios, también deberíamos dar gracias a las personas que hacen cosas por nosotros. Dar las gracias toma solo unos segundos, pero recorre un largo camino para mantener fuertes las relaciones. Todo el mundo quiere sentirse apreciado, pues eso alienta a las personas. Cuando las personas se sienten apreciadas, quieren hacer incluso más cosas por nosotros de las que ya están haciendo.

Si yo soy buena con alguien o hago muchas cosas por una persona y nunca le oigo darme las gracias, eso me dice mucho acerca de su carácter y me deja saber que esa persona es inmadura espiritualmente. Forma el hábito de dar gracias a las personas incluso por el favor o la bendición más mínima. Mientras más agradecido seas, más feliz serás.

Una persona agradecida también se enfoca en los aspectos positivos de la vida, no en los negativos. Y ser positivo siempre abre la puerta al gozo. Todos queremos ser felices, y con frecuencia cometemos el error de pensar que seremos felices si podemos conseguir todo lo que queremos; sin embargo, eso no es cierto. La verdad es que seremos felices cuando seamos agradecidos por lo que sí tenemos. Es agradable tener cosas o posesiones, pero no tienen la capacidad duradera de mantenernos felices. Las cosas pierden su lustre rápidamente, y entonces queremos algo nuevo con la esperanza de que eso nos hará felices. Hasta que aprendamos a disfrutar las cosas, pero no depender de ellas para nuestra felicidad, estaremos siempre persiguiendo otra cosa nueva.

Recuerdo estar en una joyería en una ocasión y ver unas joyas que eran totalmente hermosas. Compré un par de piezas de joyería y, cuando llegué a la casa no parecían tan hermosas como lo eran en la tienda. Entonces me di cuenta de que las luces que brillaban sobre ellas en la joyería habían hecho que parecieran irresistibles. Las devolví y me reembolsaron el importe, pero también aprendí la lección de no comprar cosas basándome en la emoción, porque a pesar de lo hermosas que se veían cuando las compré, no se mantuvieron así.

Me gustan las cosas bonitas, y no hay nada de malo en tenerlas mientras nos las podamos permitir y no seamos excesivos. También sé sin lugar a dudas que mi gozo no proviene de las cosas que están fuera de mí; proviene de tener a Jesús en mi vida y de ser agradecida.

Síntomas de la falta de gratitud

Cuando las personas estornudan, tosen y se suenan la nariz, tienen síntomas de alergias o de un resfriado. Si se quejan, murmuran, y buscan defectos en su vida, tienen síntomas de una actitud de ingratitud. Es fácil detectar a una persona ingrata. Simplemente debemos buscar los síntomas, entre los que se incluyen:

- negatividad
- quejas
- egoísmo
- una actitud de merecimiento
- comparación
- celos
- orgullo
- autocompasión

Es bueno observar los síntomas de ingratitud en nosotros mismos. Podemos pensar: *Yo soy una persona agradecida*; y, sin embargo, en la realidad no ser agradecidos en absoluto. Podemos engañarnos a nosotros mismos fácilmente. Jeremías 17:9 dice: «Nada hay tan engañoso como el corazón. No tiene remedio. ¿Quién puede comprenderlo?». Si digo que soy agradecida, pero me quejo frecuentemente o tengo celos de lo que otras personas tienen y yo no tengo, entonces en realidad no soy una persona agradecida.

Es fácil engañarte a ti mismo y pensar que eres mejor de lo que eres.

Todos queremos pensar que somos buenas personas y que

hacemos todas las cosas correctas, pero las acciones hablan más que las palabras, por así decirlo. Vemos más sobre nosotros mediante lo que hacemos que mediante lo que pensamos de nosotros mismos. Da un poco de miedo entender cuán fácilmente podemos engañarnos a nosotros mismos y pensar que somos mejores de lo que somos. Por eso es bueno pedirle a Dios que nos revele la verdad regularmente.

También es bueno observar situaciones que nos dejan saber si en realidad somos quienes pensamos que somos. Por ejemplo, yo creo que soy una persona muy agradecida, pero entonces me oigo a mí misma quejándome de algo y sé que todavía necesito aumentar en gratitud. Deberíamos estar agradecidos cuando Dios nos muestre cualquier área de nuestra vida que no es lo que debería ser, porque no podemos arreglar algo si no sabemos que está roto.

Admito que algunas veces me escucho a mí misma quejándome, y entonces me arrepiento y entiendo que todavía tengo mucho espacio para crecer en esta área tan importante de la gratitud. La semana pasada me quejé mucho mientras intentaba lidiar con nuestra compañía de seguros acerca de una receta para mí que no querían cubrir, aunque mi médico me hizo la receta. Fue muy confuso para mí. Finalmente, me enviaron la medicina, pero me cobraron 1500 dólares por ella cuando solamente debería haber un copago de ocho dólares. Por lo tanto, fueron necesarias varias llamadas telefónicas más y estar sentada al teléfono esperando que alguien hablara conmigo antes de convencerlos de que debían hacerme un reembolso.

También me quejo de los impuestos. Parece que casi todo tiene un impuesto añadido. Casi lo único que se me ocurre por lo que no hay que pagar impuestos es por nacer, pero si alguien piensa en ello, incluso eso podría hacerse realidad. Lo que dejamos cuando morimos está sujeto a impuestos (se llama impuesto por fallecimiento), y hay impuestos por ventas, impuestos estatales, impuestos municipales, impuestos por bienes raíces, impuestos a la gasolina, impuestos hoteleros, impuestos por la propiedad personal, impuestos a la seguridad social, impuestos al capital, impuesto sobre el valor añadido, y probablemente haya más.

Supongo que ahora estoy realizando una sesión de confesión, pero tener una en ocasiones probablemente es bueno para todos. Por lo menos estoy creciendo en mi consciencia de la tendencia que tengo a quejarme acerca de estas áreas de mi vida. Supongo que podría dar gracias a Dios, porque tengo algo por lo que pagar impuestos.

Celebremos la bondad de Dios y pidámosle que nos perdone por todas las veces que no vemos, y seamos agradecidos por todo lo que Él hace por nosotros.

CAPÍTULO 12

Cree que Dios es más grande que tus problemas

Si lo entregas a Dios, Él transforma tu prueba en un testimonio, tu desorden en un mensaje, y tu miseria en un ministerio.

Rick Warren[24]

«Lo que viene a nuestra mente cuando pensamos en Dios es lo más importante acerca de nosotros», escribió A. W. Tozer en su libro, *El conocimiento del Dios santo* (1961).[25] El modo en que pensamos y lo que creemos puede ayudarnos o derrotarnos. ¿Crees que Dios es más grande que tus problemas? ¿Crees que todas las cosas son posibles para Él?

Dios es mayor que cualquier problema o enemigo que tengamos. Cuando la Biblia habla de enemigos, a menudo se refiere a enemigos literales, porque a lo largo de la Escritura leemos de personas y grupos que estaban en contra del pueblo de Dios y se proponían dañarlos. Algunas veces, sin embargo, nuestros enemigos son los problemas o dificultades que enfrentamos.

Yo he visto a Dios derrotar a mis enemigos cuando amenazaban con derrotarme muchas veces. También he observado esto mismo en las vidas de otras personas. Al leer la Escritura, también veo que Dios demuestra que es mayor que los problemas de muchas personas de las que leemos en la Biblia.

Dios fue mayor que el pecado de David con Betsabé y el asesinato de su esposo, porque los perdonó y los restauró (2 Samuel, capítulos 11 y 12). Fue mayor que la negativa de Pedro de su Hijo Jesucristo (Lucas 22:54–62). Fue mayor que el encarcelamiento de Pablo (Hechos 16:16–40), y mayor que los pecados de la prostituta Rahab (Josué 2; 6:17–25; Hebreos 11:31; Santiago 2:25).

En cada uno de estos casos, las personas que pecaron se arrepintieron de su pecado y Dios perdonó su pecado y produjo restauración en sus vidas. No los descartó, sino que siguió usándolos para su gloria. Romanos 5:20 dice: «Allí donde abundó el pecado, sobreabundó la gracia». La bondad de Dios es más grande que cualquier cosa errónea que podamos hacer.

El motivo por el que estoy tan convencida de que Dios es mayor que cualquier cosa que podamos enfrentar es que 1 Juan 4:4 dice: «El que está en ustedes es más poderoso que el que está en el mundo». Como creyentes, Jesús vive en nosotros. El diablo está en el mundo y sí que tiene poder, pero no tiene más poder que Dios, quien vive en nosotros por su Espíritu.

En mis más de cuarenta y cinco años de servicio a Dios, he lidiado con muchos problemas, grandes y también más pequeños. Puedo decir con certeza que Dios se ha mostrado más grande que todos ellos. No siempre actuó cuando a mí me habría gustado o del modo en que yo pensaba que lo haría, pero Él siempre ha sido el fiel.

A continuación, tenemos varios versículos acerca del poder y la grandeza de Dios:

> Él sana a los de corazón quebrantado y les venda las heridas. Cuenta las estrellas y llama a cada una por su nombre. ¡Qué grande es nuestro Señor! ¡Su poder es absoluto! ¡Su comprensión supera todo entendimiento!
>
> Salmos 147:3–5 (NTV)

> Al único y bendito Soberano, Rey de reyes y Señor de señores, al único inmortal, que vive en luz inaccesible,

> a quien nadie ha visto ni puede ver, a él sea el honor y el poder eternamente. Amén.
>
> 1 Timoteo 6:15–16

> Para los hombres es imposible —aclaró Jesús, mirándolos fijamente—, mas para Dios todo es posible.
>
> Mateo 19:26

> Yo soy el Señor, Dios de toda la humanidad. ¿Hay algo imposible para mí?
>
> Jeremías 32:27

Dios nos ama y Él es bueno

Creo que, antes de que podamos confiar en que Dios se ocupará de todos nuestros problemas y podamos depender de que Él nos librará, debemos creer que Él nos ama y que Él es siempre bueno. Por lo que a mí respecta, estas son verdades fundamentales que afianzan nuestra relación con Dios. Piensa en los siguientes versículos:

> Porque tanto amó Dios al mundo que dio a su Hijo unigénito, para que todo el que cree en él no se pierda, sino que tenga vida eterna.
>
> Juan 3:16

> Pero Dios demuestra su amor por nosotros en esto: en que cuando todavía éramos pecadores, Cristo murió por nosotros.
>
> Romanos 5:8

> Sin embargo, en todo esto somos más que vencedores por medio de aquel que nos amó. Pues estoy convencido de que ni la muerte ni la vida, ni los ángeles ni los demonios, ni lo presente ni lo por venir, ni los poderes, ni lo alto ni lo profundo, ni cosa alguna en toda la creación podrá apartarnos del amor que Dios nos ha manifestado en Cristo Jesús nuestro Señor.
>
> Romanos 8:37–39

Ningún problema es demasiado grande para separarnos del amor de Dios. Nos mantiene fuertes y llenos de esperanza y fe en la peor de las circunstancias. Cuando confiamos totalmente en el amor de Dios, ningún problema puede alejarnos de él.

Ningún problema es demasiado grande para separarnos del amor de Dios.

El amor de Dios derrota a tus enemigos

Si creemos verdaderamente que Dios nos ama, también podemos creer verdaderamente que nos mantendrá seguros y nos ayudará en toda situación. Cuando experimento problemas que me inquietan, una cosa que hago mientras espero que Dios me libere es decir con frecuencia: «Sé que tú me amas, Señor». Esto me recuerda su amor, y también es una declaración de mi fe. Cada vez que declaramos la Palabra de Dios, hace daño al plan destructivo de Satanás.

Declarar la Palabra de Dios hace daño al plan destructivo de Satanás.

Enfrentamos muchos tipos de problemas diferentes. Al decir que Dios es más grande que nuestros problemas, deberíamos considerar los problemas que atacan nuestra alma además de los que afectan nuestro cuerpo físico o nuestras circunstancias. Por ejemplo, la falta de finanzas es un problema, pero también lo es el temor. Estar enfermo físicamente es un problema, pero también lo es estar inseguro.

El amor de Dios es la respuesta al temor, la inseguridad, y muchos otros problemas del corazón y del alma. «El amor perfecto echa fuera el temor» (1 Juan 4:18). Solamente Dios puede amarnos perfectamente e incondicionalmente. Es su amor el que sana nuestro quebranto. Debido a que mi papá abusó de mí y mi mamá me abandonó a sus manos, nunca experimenté un amor real hasta que aprendí a recibir el amor de Dios. Dave me amaba, pero por mucho tiempo yo no pensaba que era digna de amor, de modo que no recibía su amor. Hasta que permitamos que el amor de Dios sane nuestras almas, no podremos recibir amor de ninguna otra persona porque no creemos que somos dignos de amor.

Dios me ha demostrado que Él es mayor que todo lo que ha salido contra mí. Sin importar lo que las personas o la vida te hagan, Dios es más grande. Él es también lo bastante grande para hacer que todo lo que te sucede obre para tu bien (Romanos 8:28).

Dios es bueno todo el tiempo

Creo sin ninguna duda que Dios es bueno, de modo que, en medio de situaciones dolorosas, tengo confianza en que su bondad producirá sanidad en mi vida.

Solamente podemos ver la bondad de Dios debido a las cosas en la vida que no son buenas. Me encanta esta afirmación de Jonathan Edwards: «No habría ninguna manifestación de la gracia o de la verdadera bondad de Dios si no hubiera ningún pecado que perdonar, ni ninguna aflicción de la que ser salvados».[26]

Cuando peco y Dios me perdona por completo e incluso olvida mi pecado (Hebreos 10:17), veo su bondad. Si estoy enferma y Él me sana, veo su bondad. Ayer, por algún motivo me sentí mal durante todo el día. Esta mañana cuando desperté me sentí mucho mejor y no dejé de dar gracias a Dios una y otra vez. Mi corazón estaba lleno de gratitud por su amor y su bondad porque lo estaba experimentando en mi propia vida.

Dios es bueno todo el tiempo, pero a menudo nos acostumbramos tanto a su bondad que no la observamos. Esta es una razón por la que un poco de dificultad puede ser beneficiosa para nosotros. Nos hace ver cómo sería la vida sin la bondad de Dios.

Ora para ver la bondad de Dios en tu vida, y recuerda Mateo 7:11: «Pues si ustedes, aun siendo malos, saben dar cosas buenas a sus hijos, ¡cuánto más su Padre que está en el cielo dará cosas buenas a los que le pidan!».

Observa a tu enemigo huir

En lugar de huir de nuestros enemigos (me refiero de nuevo a los problemas que enfrentamos), podemos observar cómo ellos huyen de nosotros. Deuteronomio 28:7 dice: «El Señor derrotará a tus enemigos que se levanten contra ti. Por un camino saldrán contra ti, y por siete caminos huirán de ti» (RVC). Y, en Éxodo 23:22, Dios promete ser un enemigo para nuestros enemigos y un adversario para nuestros adversarios si lo obedecemos a Él.

Dios no solo es más grande que tus enemigos, sino que *tú* mismo eres más grande que ellos. Su Palabra dice: «Sí, les he dado autoridad a ustedes para pisotear serpientes y escorpiones y vencer todo el poder del enemigo; nada les podrá hacer daño» (Lucas 10:19).

Debido a que Dios vive en tu interior, no hay ningún problema que no puedas conquistar si caminas en obediencia a Él. Sométete a Dios, como enseña Santiago 4:7, resiste al diablo, y él huirá de ti.

Dios convierte los desórdenes en milagros

Yo creo que el mayor milagro del que podemos ser testigos es ver a Dios cambiar a un ser humano. Como mencioné anteriormente, en cierto momento en mi vida yo era un desastre total. Lo que Dios ha hecho en mí es un milagro, por lo que a mí respecta. Ninguna cantidad de fuerza de voluntad o de fortaleza humana podría haberme cambiado del modo en que Dios me ha cambiado. He sido testigo de los mismos cambios asombrosos en incontables personas.

> *El mayor milagro del que puedes ser testigo es ver a Dios cambiar a un ser humano.*

Cuando nacemos de nuevo, nos convertimos en nuevas criaturas. Lo viejo ha pasado y ha llegado lo nuevo (2 Corintios 5:17). Me gusta decir que nos convertimos en «barro» espiritual para que Dios trabaje con él. Nuestro corazón cambia de inmediato, pero nuestra conducta no lo hace; atraviesa un proceso de transformación. La transformación tiene lugar a medida que nuestra mente es renovada por la Palabra de Dios. Aprendemos a pensar como Dios piensa, y entonces podemos ser quienes Él quiere que seamos. Romanos 12:2 dice: «No se amolden al mundo actual, sino sean *transformados* mediante la renovación de su mente. Así podrán comprobar cuál es la voluntad de Dios, buena, agradable y perfecta» (énfasis de la autora).

Lo que creemos tiene un impacto muy fuerte en el modo de comportarnos. A medida que aprendemos a creer la Palabra de Dios somos cambiados a su imagen, y nuestra conducta refleja estos cambios positivos. Según 2 Corintios 3:18: «Así, todos nosotros, que con el rostro descubierto reflejamos como en un espejo la gloria del Señor, *somos transformados a su semejanza* con más y más gloria por la acción del Señor, que es el Espíritu» (énfasis de la autora).

He dicho en repetidas ocasiones en este libro que Dios nos bendecirá en medio de nuestro desorden si hacemos las cosas a su manera, y lo creo firmemente. Estudiar, aprender, y creer su Palabra es algo que necesitamos hacer para ver nuestro desorden transformado en un milagro.

Muchas personas creen que no pueden entender la Palabra de Dios. Si ese es tu caso, entonces te recomiendo que comiences escuchando y leyendo libros escritos por personas que la han estudiado y sí la entienden. Asegúrate de aprender de una persona respetada, porque no todo el mundo declara la verdad. Puedes leer libros acerca de la Biblia, y existen incontables libros de estudio sobre cada libro de la Biblia que te ayudarán a entender lo que enseña cada uno y cómo aplicarlo a tu propia vida. Creo que, si estás decidido a aprender, el Espíritu Santo te mostrará el mejor camino para hacerlo, de modo que no abandones.

Del desorden al milagro

La transformación del apóstol Pablo (anteriormente Saulo) es un buen ejemplo de un desorden que fue transformado en un milagro. Saulo era un hombre muy religioso, un experto en la ley judía, que fue escrita antes de que naciera Cristo. Pablo creía que estaba haciendo la voluntad de Dios al perseguir a los cristianos. Pensaba, como piensan muchos otros, que los cristianos estaban causando problemas y que Jesús fue un sacrílego al referirse a sí mismo como Dios. Temía que, si se permitía a los cristianos difundir su mensaje, muchos judíos serían engañados. Creía que perseguir a los cristianos agradaba a Dios, porque todavía no había tenido un encuentro con Jesús. Pablo era sincero, pero estaba sinceramente equivocado.

Un día, Jesús se apareció a Saulo de un modo dramático cuando viajaba desde Jerusalén a Damasco. Puedes leer esta historia, junto con otras cosas que sucedieron tras la conversión de Saulo, en Hechos 9:1–31. Pero, por ahora, sencillamente diré que, como resultado de su encuentro con Jesús, en el cual su nombre cambió de Saulo a Pablo, fue transformado en un gran apóstol de Cristo que escribió aproximadamente dos terceras partes del Nuevo Testamento y llevó el mensaje del evangelio a los gentiles, a quienes antes despreciaba.

Sin importar lo mala que sea una persona, un encuentro con el Cristo vivo puede transformarla en una persona totalmente diferente, como sucedió con Saulo. Mi padre era uno de los hombres más mezquinos que conocí jamás, y después de entregar su vida a Cristo a los ochenta y tres años de edad vi una transformación verdadera en él. Se convirtió en un hombre dulce, y aunque siempre había utilizado un lenguaje ofensivo y sucio, nunca más lo oí volver a hacerlo.

Puedes tener esperanza para ti mismo si necesitas ser cambiado, y puedes tener esperanza para cualquiera de tus amigos o seres queridos que necesita cambiar. Tú no puedes cambiar a las personas, pero puedes orar por ellas y Dios puede cambiarles.

Al inicio de este capítulo cité a Rick Warren: «Si lo entregas a Dios, Él transforma tu prueba en un testimonio, tu desorden en un mensaje, y tu aflicción en un ministerio». ¿Cómo podríamos tener un testimonio que aliente a otros si nunca tenemos una prueba? A menudo digo que muchas personas, después de atravesar una prueba, no tienen un testimonio; solamente tienen «los *lamentos*». Se lamentan, murmuran y se quejan tanto de la incomodidad, que nunca dan a Dios una oportunidad de mostrarse fuerte en sus vidas.

Si tienes grandes desórdenes (problemas, pruebas, tribulaciones) en tu vida, haz que este sea el momento en que le pides a Dios que los tome en sus manos y los convierta en bendiciones. Él no solamente *puede* hacerlo; *quiere* hacerlo. Él te mostrará lo que necesitas hacer, si es que hay algo. A medida que seas obediente y hagas lo que puedes, Él hará lo que tú no puedes hacer.

Toma el tiempo para digerir lentamente este pasaje de la Escritura, y recuerda que es una de las promesas de Dios para ti:

> Así que no temas, porque yo estoy contigo; no te angusties, porque yo soy tu Dios. Te fortaleceré y te ayudaré; te sostendré con mi diestra victoriosa. Todos los que se enardecen contra ti sin duda serán avergonzados y humillados; los que se te oponen serán como nada, como si no existieran. Aunque busques a tus enemigos, no los encontrarás. Los que te hacen la guerra serán como nada, como si no existieran. Porque yo soy el Señor, tu Dios, que sostiene tu mano derecha; yo soy quien te dice: No temas, yo te ayudaré.
>
> Isaías 41:10–13

¡Vaya! Si crees estas palabras, puedes comenzar a gozarte en este momento. Dios tomará lo que Satanás quiso para hacerte daño y lo convertirá en algo bueno (Génesis 50:20). Tu problema puede hacerte más fuerte.

Tu problema puede hacerte más fuerte.

Ninguna arma forjada contra mí prevalecerá

Dios dice en Isaías 54:17: «No prevalecerá ninguna arma que se forje contra ti; toda lengua que te acuse será refutada. Esta es la herencia de los siervos del Señor, la justicia que de mí procede».

Este versículo nos recuerda otra vez que nuestros enemigos no son más grandes que Dios. Incluso cuando personas vienen contra nosotros injustamente, se les mostrará que están equivocadas. Dios nos vindicará (Salmos 54:1). Nuestra parte es perdonarlos y orar por ellos, y después sentarnos y observar a Dios obrar (Mateo 5:44). Puede que tome tiempo, tal vez incluso años, pero sucederá si seguimos confiando en Dios y obedecemos su Palabra.

Una de las cosas más devastadoras y dolorosas que me ha sucedido durante mi ministerio fue causada por personas que yo creía verdaderamente que eran mis mejores amigos. Se volvieron contra mí y me acusaron de cosas que yo no hice. Me abandonaron en un momento crucial en mi vida, y me tomó unos tres años sobreponerme a la conmoción y la devastación de esa situación. Pasaron muchos años antes de que pudiera oír una disculpa, pero finalmente llegó.

Duele cuando personas en las que confías y que amas te traicionan. Esto mismo le sucedió a Jesús con Judas (Mateo 26:14–16), y le sucedió a Pablo en su primera defensa. Él escribió en 2 Timoteo 4:16: «En mi primera defensa, nadie me respaldó, sino que todos me abandonaron. Que no les sea tomado en cuenta».

Este versículo indica que Pablo siguió caminando en amor con aquellos que lo abandonaron, e incluso le pidió a Dios que no se lo tuviera en cuenta. Cuando Jesús estaba en la cruz, sufriendo agonía que no podemos ni siquiera imaginar, le pidió a Dios que perdonara a quienes lo crucificaban, diciendo que no sabían lo que hacían (Lucas 23:34). Y cuando Esteban, un mártir en la iglesia primitiva, estaba siendo apedreado por su fe en Dios, le pidió a Dios que perdonara a quienes lo apedreaban (Hechos 7:59–60). Si tienes algunas personas en tu vida que son difíciles de amar, te recomiendo mi libro *Amar a la gente que es muy difícil de amar.*

Si tú y yo oramos por las personas que nos hacen daño, Dios tomará nuestro dolor y lo convertirá en nuestra ganancia. Con Dios de nuestro lado, siempre venceremos sobre nuestros enemigos al final.

CAPÍTULO 13

Confía en Dios cuando no entiendas

Una persona que vive en fe debe proceder con evidencia incompleta, confiando de antemano en lo que solo tendrá sentido en orden inverso.

Philip Yancey[27]

Una amiga y compañera de trabajo compartió conmigo la siguiente historia:

Atravesé un tiempo en el que estaba enojada con Dios. Muy enojada. Y, en lugar de lidiar con ello, me revolcaba en eso. Me sentaba y hervía en los jugos de la decepción y la ira.

Había atravesado varias situaciones terribles una tras otra, incluyendo una falsa acusación increíblemente difícil que me llegó al alma, y la asombrosa pérdida de alguien a quien quería mucho debido al suicidio.

Toda mi vida había sido edificada sobre la confianza en Dios, e irónicamente, una parte de mi trabajo era compartir historias de cosas asombrosas que Dios había hecho. Por lo tanto, sabía que Dios respondía a la oración. Yo misma lo había visto una y otra vez. Sabía que Él incluso podía hacer milagros; sin embargo, en las circunstancias que estaban proyectando una sombra sobre mi vida, Dios estaba en silencio. No intervino, y sucedió lo peor.

Quedé devastada. Sentía como si mi vida estuviera hecha pedazos mientras Dios miraba al otro lado, y estaba furiosa.

Al principio, me sentí bien al estar enojada. Quería que de algún modo alguien pagara. Pensaba que me merecía estar enojada, pero el enojo es un mentiroso. Nunca es sanador; es una infección que se mantiene y hace que la herida empeore todavía más, que se infecta y llega a otras partes de nuestra vida.

Ejecuté mi venganza con el único que podía ayudarme y me cerró la puerta de su amor sanador y sus bendiciones en la cara. Cada vez me sentía más enojada, distante y desesperanzada. Todo mi ser era un desorden. Finalmente, no pude soportarlo más. Recuerdo estar tumbada en el piso de la sala de mi casa llorando inconsolablemente. Le pregunté a Dios dónde había estado Él cuando me estaban sucediendo todas esas cosas devastadoras, y después de que se calmó la inundación de lágrimas, sentí que una calidez me rodeaba, y tuve la clara sensación de que Él había estado esperándome todo el tiempo.

Igual que una niña terca, yo había estado enojada en mi cuarto en lugar de correr a los brazos de mi Padre. En mi enojo y mi desobediencia, Él estaba ahí para cuando yo estuviera preparada.

Con lágrimas en los ojos, le dije que lamentaba mucho haber pensado que yo era más sabia que Él. Seguía sufriendo y mis circunstancias no habían cambiado, pero ya no podía seguir manteniendo el enojo. Me estaba comiendo viva. Casi de inmediato, cuando le entregue todo a Él, le pedí que me perdonara y le dije lo mucho que necesitaba su ayuda, sentí una liberación y una hermosa paz.

Aborrecía las cosas que estaba atravesando, pero estaba peor en mi desesperanza que al entregarle todo a Dios y aceptar la esperanza que solamente Él puede ofrecer. Fue entonces cuando comenzó la sanidad. Fue entonces cuando, incluso en mi quebranto, vi a Dios, lentamente pero con seguridad, devolver la alegría a mi mundo y poner mis pies sobre terreno firme.

Ahora, años después, puedo ver cómo Dios tomó cosas terribles, cosas que Él no hizo que sucedieran, pero escogió amarme en ellas, y con su misericordia me sanó, me restauró, y me enseñó.

Ahora tengo mucha empatía por las personas que han experimentado la devastación del suicidio y la pérdida. Tampoco soy rápida en juzgar o creer cada historia que oigo acerca de personas.

Sé que Dios puede tomar nuestras preguntas, dudas y enojo, y amarnos bondadosamente en medio de ellas. Y ahora soy mejor y más agradecida debido a todo eso. A pesar del desorden, ¡he recibido bendición!

Cuando no entendemos

Vivimos la vida hacia adelante, pero como observa Philip Yancey en la cita de inicio de este capítulo, a menudo solamente podemos entenderlo al mirar atrás a cosas que no entendíamos mientras estaban sucediendo.

Después de dejar mi empleo para prepararme para el ministerio al que creía que Dios me había llamado, Dave y yo atravesamos seis años que fueron escasos financieramente. Yo pensé que, como había hecho un gran sacrificio al dejar mi empleo para estudiar la Palabra de Dios, llegarían bendiciones a raudales; sin embargo, teníamos menos recursos financieros que nunca. Seguimos diezmando de

Puedes llegar a estar frustrado si haces lo correcto y no obtienes lo que crees que es el resultado «correcto».

nuestros ingresos, pero fue un periodo muy confuso y difícil para mí. Cuando hacemos lo correcto y no obtenemos lo que pensamos que es un resultado «correcto», podemos llegar a estar muy frustrados.

Los seis años financieramente difíciles para Dave y yo fueron indudablemente una prueba. ¿Estaría yo dispuesta a servir a Dios incluso si eso significaba pasarme sin muchas cosas que estaba acostumbrada a tener? ¿Confiaría en Dios a pesar de todo? ¿Podría tener necesidad y no sentir celos de otras personas que vivían una vida abundante? Dios me confrontó con estas preguntas y muchas otras parecidas.

Dios sí que cuidó de nosotros, y de alguna manera cada mes podíamos pagar nuestras facturas; sin embargo, tuve que utilizar cada cupón de descuento que podía encontrar cuando iba a hacer la compra, y desarrollé mucho lo que llamo «venta de garaje». Cada semana, iba a visitar ventas de garaje buscando cosas que necesitábamos, como zapatos para nuestros hijos y objetos para la casa. Confiaba en que Dios me ayudara a encontrar lo que buscaba, y Él lo hacía. No estoy diciendo que sea equivocado buscar buenos precios en ventas de garajes, ya que puede ser divertido, pero dudo que cualquiera de nosotros quiera tener que depender de ventas de garaje durante el resto de su vida.

Finalmente, nuestra prueba financiera llegó a su fin. Comencé a enseñar un estudio bíblico semanal para mujeres en nuestra iglesia, que fue tan exitoso y con tan buena asistencia que el pastor me asignó un salario de sesenta y cinco dólares por semana. Esos sesenta y cinco dólares me parecían seis mil. Al final, pasé a trabajar a tiempo completo en la iglesia y una vez más tuvimos un ingreso regular.

Mientras atravesaba nuestros seis años de escasez no entendía por qué eran importantes; sin embargo, al recordar ahora ese periodo, sé que estaba aprendiendo a confiar en Dios cuando no entendía, y entiendo que la experiencia me ayudó a aprender a confiar en Dios para las finanzas que necesitamos ahora para operar el ministerio a nivel mundial que tenemos.

No hay ninguna necesidad de tener fe si siempre entendemos lo que sucede en nuestras vidas. Mientras estemos en una relación con Dios, tendremos algunas preguntas sin respuesta. Según 1 Corintios 13:9: «Nuestro conocimiento es parcial». No lo conocemos todo.

Los caminos y los pensamientos de Dios son más altos que los nuestros (Isaías 55:8-9). No solo son más altos que los nuestros, sino que también son mejores que los nuestros. Puede que no siempre entendamos los caminos de Dios, pero el modo en que Él hace las cosas es siempre mucho, mucho mejor que el modo en que las haríamos nosotros. Ocasionalmente, intento dar consejos a Dios acerca de lo que Él podría hacer para ayudar en mi situación, pero es bueno que Él no me escuche.

El modo en que Dios hace las cosas es mucho mejor que el modo en que tú las harías.

Romanos 11:33 dice que los caminos de Dios son «impenetrables». La Biblia habla del misterio de Cristo (Efesios 3:4; Colosenses 4:3), el misterio del reino de Dios (Marcos 4:11), y prodigios en los cielos (Hechos 2:19). También habla acerca del misterio de vencer la muerte y vestirnos de inmortalidad:

> Fíjense bien en el misterio que les voy a revelar: No todos moriremos, pero todos seremos transformados,

> en un instante, en un abrir y cerrar de ojos, al toque final de la trompeta. Pues sonará la trompeta y los muertos resucitarán con un cuerpo incorruptible, y nosotros seremos transformados. Porque lo corruptible tiene que revestirse de lo incorruptible, y lo mortal, de inmortalidad. Cuando lo corruptible se revista de lo incorruptible, y lo mortal, de inmortalidad, entonces se cumplirá lo que está escrito: «La muerte ha sido devorada por la victoria».
>
> 1 Corintios 15:51–54

Además de los otros misterios que he mencionado, la Palabra de Dios también habla del misterio de Dios (Colosenses 2:2; Apocalipsis 10:7), el misterio de la unión de Cristo y la iglesia (Efesios 5:32), y el misterio de los siglos «que es Cristo en ustedes, la esperanza de gloria» (Colosenses 1:27).

Me parece claro que, si no nos gusta un buen misterio, no vamos a disfrutar de nuestra relación con Dios.

La confianza produce paz

Tener demasiadas preguntas causa confusión, pero confiar en Dios produce paz y gozo. Los misterios se llaman misterios porque son misteriosos; no los entendemos. La Biblia incluye varios conceptos que yo creo con todo el corazón, pero no tienen sentido alguno para mi mente, como los siguientes:

- La Trinidad (Mateo 3:16–17; 28:19 y otros)
- La encarnación de Cristo (Filipenses 2:6–7 y otros)

- La idea de que, si queremos más, tenemos que dar parte de lo que tenemos (Lucas 6:38)
- La idea de que los primeros serán los últimos, y los últimos serán los primeros (Mateo 20:16)

Algunas partes de la Escritura, especialmente en el Antiguo Testamento, me dejan rascándome la cabeza, pero no me confunden porque he decidido confiar en Dios. No puedes confundirte si te niegas a intentar descifrar las cosas. No hay ningún daño en meditar en algo para ver si puedes comenzar a entenderlo, pero cuando comienza a confundirte, es una señal de que necesitas dejar de razonar y simplemente confiar en Dios.

Necesitas dejar de razonar y simplemente confiar en Dios.

Hay cosas que disfruto cada día, pero no entiendo. Por ejemplo:

- No entiendo la gravedad, pero la estoy disfrutando en este momento.
- No entiendo totalmente la mecánica de la respiración, pero estoy disfrutando de hacerlo.
- No entiendo como los árboles, la hierba y las flores pueden parecer totalmente muertos y estar latentes en el invierno, y después regresar a la vida en la primavera y ser asombrosamente hermosos, pero disfruto al mirarlos.
- No entiendo la electricidad, pero dependo de ella y la agradezco.
- No entiendo la tecnología moderna, pero la utilizo y la disfruto cada día.

¿Por qué tenemos tal deseo de entender lo que sucede en nuestra vida? ¿Por qué nos obsesionamos con el futuro? Creo que se debe a que nos gusta tener el control. Queremos que las cosas discurran de cierto modo, y queremos saber si lo harán o no. La mayoría de las veces no buscamos entender las cosas buenas que nos suceden. Simplemente las recibimos con alegría; sin embargo, cuando sucede algo que consideramos que es «malo», queremos saber por qué.

Yo no he pasado mucho tiempo intentando descifrar por qué Dios me ha permitido estar en la televisión, pero si Él me quitara de ahí, podría intentar descifrar por qué sucedió. No he pasado tiempo intentando entender por qué Dios me ha bendecido con una familia tan estupenda, pero si perdiera a uno de ellos, estoy segura de que tendría preguntas.

Incluso Jesús, cuando colgaba en la cruz, preguntó: «¿Por qué?». Dijo: «Dios mío, Dios mío, ¿por qué me has desamparado?» (Mateo 27:46). No hay ningún registro de que Dios respondiera a esa pregunta, pero Él confiaba por completo en su Padre porque dijo: «Padre, en tus manos encomiendo mi espíritu» (Lucas 23:46). Esas fueron las últimas palabras que Jesús pronunció en la cruz, y después de decirlas, murió.

Durante años, yo fui adicta al razonamiento. No podía conformarme y estar en paz hasta que pensaba que había entendido lo que sucedía en mi vida. Incluso cuando pensaba que lo tenía todo descifrado, por lo general resultaba estar equivocada. Sin embargo, simplemente

La experiencia con Dios es uno de los bienes más valiosos que puedes tener.

pensar que sabía lo que estaba sucediendo me producía paz. Estoy feliz de poder decir que, debido a que he crecido en mi fe mediante muchas experiencias que Dios me hizo atravesar, ahora puedo tener paz incluso si no conozco «el porqué» que hay detrás de todo lo que sucede. La experiencia con Dios es uno de los bienes más valiosos que podemos tener, pero obtenerla toma tiempo. Solamente recuerda que en cada situación que atraviesas, aunque puede que sea difícil, si no abandonas te dará experiencia que te ayudará a edificar tu fe y confiar en Dios.

Jesús les dijo a sus discípulos en una ocasión: «Lo que yo hago, no lo entiendes ahora; pero lo entenderás después» (Juan 13:7). También les dijo: «Aún tengo muchas cosas que decirles, pero ahora no las pueden sobrellevar» (Juan 16:12 RVC).

Si supiéramos todo acerca del modo en que Dios quiere usarnos, podríamos llenarnos de orgullo. Y, si supiéramos todo lo que Dios necesita cambiar en nosotros a fin de poder usarnos, podríamos desalentarnos y abandonar. Algunas veces, cuanto más sabemos más infelices somos. Por lo tanto, conténtate con saber lo que Dios revela y mantén la paz. Puedes estar seguro de que, cuando necesites conocer algo más, Él te dará la comprensión que necesites.

¿Alguna vez una persona te dijo que otra persona estaba murmurando sobre ti? En ese caso, probablemente estabas más contento antes de saber eso. Deberíamos ser sabios acerca de lo que decimos a otras personas, y ser cuidadosos con no decirles cosas que robarán su alegría. Deberíamos alentarnos los unos a los otros, y no desalentarnos.

El sufrimiento deja muchas preguntas

El sufrimiento es una de las experiencias más difíciles de entender. Ciertos tipos de sufrimiento, como la enfermedad grave, la pérdida de un ser querido a una edad muy joven, y muchas otras dificultades, son especialmente confusos. Cuando Dios puso a Adán y Eva en el huerto del Edén no tenía intención de que ellos sufrieran, pero sí les dio un mandamiento que no debían desobedecer. No debían comer del árbol del conocimiento del bien y del mal (Génesis 2:16–17). También les dio libre albedrío porque quería que ellos lo amaran porque lo *decidieran*, no porque *tuvieran* que hacerlo. Ellos desobedecieron a Dios haciendo lo único que Él les dijo que no hicieran, y eso produjo pecado en el mundo (Génesis 3:1–21; Romanos 5:12–19). Cuando el pecado entró en el mundo, el sufrimiento también entró en el mundo, y ha estado aquí desde entonces.

Todo sufrimiento es el resultado del pecado a algún nivel; sin embargo, el sufrimiento no necesariamente está causado por el pecado personal. Vivimos en un mundo lleno de pecado, y nos afecta a todos en diversos momentos. Jesús es nuestro Salvador y nuestro Libertador, y si Él no quita nuestro sufrimiento mientras estamos en la tierra, indudablemente se irá cuando lleguemos al cielo. Cuando estemos allí, todo dolor, sufrimiento y llanto habrán cesado (Apocalipsis21:4).

Yo no podría y ni siquiera intentaría responder a todas las preguntas que tienen las personas acerca de por qué hay niños que mueren de hambre en algunas partes del mundo, o por qué un niño sufre debido al cáncer. No puedo explicar por qué personas mezquinas algunas veces viven vidas muy largas, mientras que otras personas buenas mueren jóvenes. Simplemente sé que Dios es bueno, y aborrece el sufrimiento y el dolor tanto como nosotros.

Hay ocasiones en las que el sufrimiento conduce a una persona a Dios cuando nunca lo aceptaría de otro modo. En estos casos, podemos ver fácilmente el bien que proviene del dolor. Me encanta la siguiente cita de C. S. Lewis:

> Admitiremos que podemos ignorar incluso el placer, pero el dolor insiste en ser atendido. Dios nos susurra en nuestros placeres, nos habla en nuestra conciencia, pero grita en nuestro dolor: es su megáfono para despertar a un mundo sordo…
>
> No hay duda de que el dolor como megáfono de Dios es un instrumento terrible; puede conducir a una rebelión final y contumaz; sin embargo, da la única oportunidad que puede tener el hombre malo para enmendarse. Quita el velo; planta la bandera de la verdad dentro de la fortaleza del alma rebelde.[28]

No tenemos tendencia a ser demasiado curiosos acerca del sufrimiento que llega a personas que tal vez no consideramos «buenas personas», pero cuando suceden cosas malas a quienes sí consideramos buenas personas, nuestra mente se llena de preguntas. Yo no conozco todas las respuestas, pero sí sé que Dios es un Dios justo, y Él endereza todas las cosas equivocadas a su tiempo. Cuando atravesamos pruebas, dificultades, dolor y sufrimiento, si nos comportamos del modo en que Dios quiere que lo hagamos, Él traerá una doble porción (bendición) a nuestras vidas (Isaías 61:7).

Nuestro mundo caótico

El mundo en el que vivimos hoy es con frecuencia caótico. Los índices de delincuencia son altos, los suicidios aumentan, y para la mayoría de las personas el estrés está en su punto más alto. Nuestro mundo cambia con tanta rapidez, que algunas veces sentimos que apenas si podemos seguir el ritmo. La Biblia dice que, en los últimos días, las condiciones en el mundo serán tan malas que los corazones de las personas desfallecerán eran debido al temor (Lucas 21:26 RVC).

Poder confiar en Dios y no vivir en temor es maravilloso. Nos da paz en medio de las tormentas de la vida. La paz que Dios da es una paz que el mundo no puede entender porque no se basa en tener que tener todas las respuestas. Se basa en conocer a Dios, quien sí tiene todas las respuestas.

Qué hacer espiritualmente cuando no tenemos respuestas prácticas para nuestros problemas

¿Qué deberíamos hacer cuando no sabemos cómo resolver nuestros problemas? La Biblia nos da estos consejos:

- Estudia la Palabra de Dios, porque es lámpara a tus pies y luz a tu camino (Salmos 119:105).
- Confía en Dios y haz el bien (Salmos 37:3).
- Ponte «toda la armadura de Dios», resiste al diablo, «para que cuando llegue el día malo puedan resistir hasta el fin con firmeza» (Efesios 6:13). Haz lo que puedas hacer, pero no intentes hacer lo que no puedes hacer.

- Alaba su nombre, y exprésalo (Salmos 100:4).
- Ora siempre, sin desanimarte (Lucas 18:1). Jesús instó a sus discípulos a hacerlo, por lo que también deberíamos hacerlo nosotros.

Y, a continuación, hay algunos consejos prácticos:

- No prestes demasiada atención a los malos reportes que escuches.
- Haz lo que harías si no tuvieras un problema.
- Cumple tus compromisos.
- Sigue dando y siendo una bendición para otros.
- Sigue declarando la Palabra de Dios en lugar de hablar sobre tus circunstancias.

Finalmente, no olvides disfrutar tu vida. Las personas tienden a pensar que no pueden disfrutar la vida mientras tengan algún problema, pero eso no es cierto. «El gozo del Señor es nuestra fortaleza» (Nehemías 8:10), y «Un corazón alegre es la mejor medicina» (Proverbios 17:22 RVC). Mantenernos alegres durante las pruebas de la vida confundirá al enemigo, y tu victoria llegará mucho antes de lo que llegaría si estuvieras deprimido y triste. No olvides lo que dice Jesús: «En este mundo afrontarán aflicciones, pero ¡anímense! Yo he vencido al mundo» (Juan 16:33).

CAPÍTULO 14

Ten confianza en que siempre triunfas en Cristo

Cuando oramos pidiendo la ayuda del Espíritu… simplemente caeremos a los pies del Señor en nuestra debilidad. Allí encontraremos la victoria y el poder que vienen de su amor.

Andrew Murray[29]

Cuando sentimos que nuestras vidas son un desorden, podemos ser tentados a pensar que el mundo entero está contra nosotros; pero la verdad es que estamos destinados a triunfar sobre la oposición. Nuestra herencia como creyentes en Cristo es ser vencedores y victoriosos en la vida. Isaías 54:17 dice: «Esta [paz, justicia, seguridad, triunfo sobre la oposición] es la herencia de los siervos del Señor» (AMP, traducción libre), refiriéndose a nuestra herencia en Él.

El modo en que manejamos la posición es muy importante. Vencemos cuando el diablo hace lo peor que puede y salimos de nuestro problema amando a Dios y amando a las personas, con nuestra fe incluso más fuerte de lo que era antes de que llegara la oposición contra nosotros. Esta esperanza de victoria durante nuestras pruebas y tribulaciones es extremadamente importante. La esperanza nos empodera para seguir adelante incluso cuando sentimos que no podemos continuar. Aquello en lo que nos enfoquemos es una clave para nuestro triunfo. Si nos enfocamos demasiado en nuestros problemas, nos abrumarán. Hebreos 12:2 nos dice que miremos a Jesús, «el iniciador y perfeccionador de nuestra fe», y también su Consumador.

Cuando enfrentamos dificultades y oposición, deberíamos recordar victorias del pasado y recordarnos a nosotros mismos que todas las cosas son posibles con Dios (Mateo 19:26). Pensemos y hablemos de lo que Dios puede hacer, y no de lo que el diablo ha hecho.

Piensa y habla de lo que Dios puede hacer, y no de lo que el diablo ha hecho.

Los problemas son difíciles, pero el triunfo es dulce. Segunda de Corintios 2:14 nos dice que Cristo *siempre* nos lleva triunfantes: «Sin embargo, gracias a Dios que en Cristo siempre nos lleva triunfantes y, por medio de nosotros, esparce por todas partes la fragancia de su conocimiento».

Yo nací en 1943, de modo que llevo con vida bastante tiempo. Durante aquellos años enfrenté mi parte de problemas difíciles, pero mi testimonio es el siguiente: «Sigo estando aquí». Sigo amando a Jesús y sigo ayudando a personas. He experimentado la fidelidad de Dios más veces de las que puedo contar, y estoy llena de fe para el futuro. En el momento de la publicación de este libro tengo una juventud de ochenta años. Digo esto porque la edad es un número, mientras que ser «viejo» es una mentalidad. Cuando te digo mi edad, puede que pienses: *Ella es realmente vieja*. Sin embargo, yo no me siento así en absoluto. Me siento joven de corazón, y creo que tengo mucha experiencia que Dios puede usar para ayudar a otras personas.

En mi vida he superado abuso sexual, mental y emocional; un mal matrimonio con un esposo que me engañaba cuando era joven (antes de conocer a Dave); un aborto espontáneo, dos cirugías de sustitución de cadera; cáncer de mama; traición; un trato injusto; mentiras sobre mí; ser decepcionada por personas en las que confiaba; me han robado; y muchas otras cosas. Además de todo eso, he lidiado con las presiones diarias con las que todos lidiamos; sin embargo, mi fe es ahora más fuerte de lo que ha sido nunca. Tengo victoria, he triunfado en la vida, y soy más que vencedora por medio de Cristo (Romanos 8:37). He experimentado la fidelidad de Dios una y otra vez, y tú también lo harás si pones tu confianza en Él.

A pesar de todo, no te permitas a ti mismo desarrollar una mentalidad de víctima.

A pesar de lo que te haya sucedido, no te permitas a ti mismo desarrollar una mentalidad de víctima. Si te consideras a ti mismo una víctima, eso es lo que siempre serás. Sí que atravesamos cosas difíciles en la vida, pero no son nada comparadas con lo que Jesús atravesó por nosotros. Su historia termina en victoria, y también lo hará la nuestra. Pablo dijo que podía estar contento cuando tenía necesidad y también cuando tenía abundancia (Filipenses 4:12). También dijo que todo lo podía en Cristo que lo fortalecía (Filipenses 4:13), y nosotros también podemos hacerlo.

En Cristo y por medio de Él

Nuestra victoria no es de nosotros mismos, ni proviene de nuestra fuerza de voluntad. Es en Cristo y por medio de Él y de su amor. Mientras recordemos que Él nos ama, a pesar de lo que estemos atravesando nos mantendremos fuertes. Cuando tengamos problemas, seremos sabios en acudir de Dios buscando ayuda inmediatamente, porque nuestros problemas se resolverán solamente en Él y por medio de Él. A Dios se le llama «nuestra ayuda segura en momentos de angustia» (Salmos 46:1), y su Espíritu Santo es nuestro ayudador (Juan 14:16–17).

> Dios es nuestro amparo y nuestra fortaleza, nuestra ayuda segura en momentos de angustia. Por eso, no temeremos aunque se desmorone la tierra y las

> montañas se hundan en el fondo del mar; aunque rujan y se encrespen sus aguas, y ante su furia retiemblen los montes.
>
> Salmos 46:1–3

El apóstol Pablo enfrentó muchas dificultades y, sin embargo, salió victorioso sobre cada una de ellas. Su dolor era real, pero confiaba en que Dios tenía un propósito en todas las cosas. Sentía que algunas de las dificultades que atravesó alentaban a otros creyentes a ser valientes para hablar de las buenas nuevas del evangelio y ser fuertes cuando enfrentaran sus propias pruebas.

Pablo fue golpeado muchas veces, encarcelado, pasó hambre, pasó un día y una noche en mar abierto, trabajó y pasó fatigas por causa del evangelio, y con frecuencia se privaba del sueño. Él también dijo que sufrió frío y desnudez (2 Corintios 11:24–27). En 2 Corintios 4:17–18 se refiere a esas cosas como sufrimientos ligeros:

> Pues los sufrimientos ligeros y efímeros que ahora padecemos producen una gloria eterna que vale muchísimo más que todo sufrimiento. Así que no nos fijamos en lo visible, sino en lo invisible, ya que lo que se ve es pasajero, mientras que lo que no se ve es eterno.

Pablo miraba hacia la eternidad mucho más de lo que miraba a sus problemas. Tal vez no tenemos una mentalidad enfocada lo suficiente en la eternidad. Incluso si viviéramos cien años en la tierra, no serían nada comparados con la eternidad.

Algunas personas nunca confiarán en Dios hasta que Él sea lo único que les queda.

Nunca entenderemos todos los motivos de nuestras pruebas, pero lo que sí sé es que un motivo de ellas es evitar que confiemos en nosotros mismos y enseñarnos a confiar en Dios. Algunas personas nunca confiarán en Dios hasta que Él sea lo único que les queda para agarrarse.

Oigo a personas decir, y yo misma lo he dicho: «Bueno, Señor, supongo que no me queda otra cosa que hacer sino orar». Sin duda, es una afirmación necia porque la oración debería ser nuestro primer curso de acción, y no el último recurso después de haber intentado todo lo demás.

No sé lo que podrías estar atravesando en este momento, pero sí sé que triunfarás en Cristo si manejas la oposición del modo en que Dios quiere que lo hagas.

La esposa de uno de mis amigos murió de cáncer, aunque miles de personas habían orado por su sanidad. Lo primero que le dijo al Señor fue: «Señor, por favor ayúdame a hacer esto correctamente». Este amigo es pastor, y yo fui tocada profundamente porque su preocupación principal era que manejara la pérdida de su esposa de un modo que glorificara a Dios mientras él continuaba ministrando a otros.

Mi amigo podría haberse amargado y haber dicho: «Señor, te he servido todos estos años y he visto a muchos otros ser sanados. Yo mismo he orado por personas, les he predicado, y les he ayudado en sus dificultades, y cuando yo necesitaba un milagro, tú me defraudaste». Podría haber dicho eso, pero no lo hizo. En cambio, le dijo a Dios: «Nunca te preguntaré por qué». Quería que Dios supiera que confiaba en Él lo suficiente para no necesitar saber por qué. No estoy diciendo que sea incorrecto preguntar por qué, pero cuando lo hacemos puede que no recibamos respuesta, y tenemos que estar en paz con eso. Hay muchos misterios ocultos en Dios y, a veces, tendremos que confiar en su bondad en medio de nuestra confusión y dolor.

Somos más que vencedores

Considera estas palabras tan poderosas de Romanos 8:35–39:

> ¿Quién nos apartará del amor de Cristo? ¿La tribulación, o la angustia, la persecución, el hambre, la indigencia, el peligro, o la violencia? Así está escrito: «Por tu causa siempre nos llevan a la muerte; ¡nos tratan como a ovejas para el matadero!». Sin embargo, en todo esto somos más que vencedores por medio de aquel que nos amó. Pues estoy convencido de que ni la muerte ni la vida, ni los ángeles ni los demonios, ni lo presente ni lo por venir, ni los poderes, ni lo alto ni lo profundo, ni cosa alguna en toda la creación podrá apartarnos del amor que Dios nos ha manifestado en Cristo Jesús nuestro Señor.

Este pasaje de la Escritura nos muestra que es importante que no permitamos que nada nos separe del amor de Dios que es en Cristo Jesús. Deberíamos estar tan seguros de que Dios

Nunca permitas que ningún tipo de problema se interponga entre el amor de Dios y tú.

nos ama, que nos neguemos a permitir que cualquier tipo de problema se interponga entre nosotros y su amor.

¿Qué significa ser más que vencedor? Yo creo que significa que sabemos que tenemos victoria en la vida incluso antes de tener un problema. Una mentalidad de victoria nos permite vivir sin temor a los problemas. Recuerdo ocasiones en mi vida en las que temía tener cualquier tipo de problema porque sabía que me haría tener miedo, y me preocupaba al respecto hasta que quedaba resuelto. Ahora, simplemente lidio con las cosas tal como llegan, y estoy segura de que Dios se ocupará de ellas en su tiempo y a su manera. Esto es lo que nos hace ser más que vencedores. Si creemos que Dios nos ama, también creemos que Él siempre hará lo que sea mejor para nosotros. Su amor nos hace estar seguros y nos da confianza

Creer que Dios te ama significa creer que Él hará lo que es mejor para ti.

Hay muchos versículos de la Biblia que nos dicen que Dios nos dará la victoria Deuteronomio 20:4: «Porque el Señor tu Dios está contigo; él peleará en favor tuyo y te dará la victoria sobre tus enemigos», y Romanos 8:31: «Si Dios está de nuestra parte, ¿quién puede estar en contra nuestra?».

El tiempo de Dios y sus caminos

Los caminos de Dios no son nuestros caminos, y su tiempo no es siempre el que pensamos que debería ser. En ocasiones, los caminos de Dios son sorprendentes. Nosotros esperamos que Él haga una cosa, y hace algo totalmente diferente. Su tiempo es perfecto en nuestras vidas, y deberíamos estar contentos con descansar en Él hasta que nos haga triunfar sobre nuestras pruebas. Debido a que Él ha prometido que nos hará triunfar (2 Corintios 2:14), ¿por qué deberíamos preocuparnos acerca de cómo y cuándo?

Tus palabras positivas son dardos lanzados contra Satanás.

Mientras esperas tu victoria, hay algunas cosas que puedes decir que te ayudarán a mantenerte alentado, y tus palabras positivas serán dardos lanzados contra Satanás. Puedes hacer declaraciones como las siguientes:

- «¡Esto terminará bien!».
- «Dios dispone todas las cosas para el bien de quienes lo aman, los que han sido llamados de acuerdo con su propósito» (Romanos 8:28).
- «Dios está obrando en mi problema ahora mismo».
- «Sé que Dios me ama».
- «¡Dios, confío en ti!».

Sin ninguna duda, Satanás quiere que estemos llenos de dudas y que hagamos comentarios negativos, pero la conversación positiva que se basa en la Palabra de Dios ayudará a derrotarlo.

Dios preferiría que no hagas comentarios como los siguientes:

- «Me temo que Dios no llegará a tiempo».
- «Tengo la sensación de que Dios no me ama».
- «Parece que tengo una prueba tras otra. Me pregunto qué estoy haciendo mal».

- «Tal vez Dios me está castigando por los pecados de mi pasado».
- «Bien podría abandonar, porque nunca me sucede nada bueno».

Ninguna de esas declaraciones está de acuerdo con la Palabra de Dios, de modo que decirlas es contraproducente.

Espero que puedas ver la diferencia que marcará si te mantienes positivo, creyendo que triunfarás sobre cualquier cosa que estés atravesando.

Confía en Dios para recibir su favor

Una de las bendiciones que Dios nos da es su favor. Esto significa que las personas querrán hacer cosas por nosotros y no entenderán por qué se inclinan a ser buenos con nosotros, o que habrá situaciones que saldrán bien para nosotros y ni siquiera sabremos por qué. Experimentamos el favor de Dios cuando solicitamos empleos y los jefes nos escogen a nosotros, o cuando cajeros en tiendas nos aplican descuentos en nuestras compras que nosotros ni siquiera sabíamos que estaban disponibles. El favor es algo estupendo, y también es muy divertido experimentarlo y recibirlo cuando Dios nos lo da.

Experimentar el favor de Dios es una manera de poder recibir bendición en tu desorden. Pide favor a Dios y libera tu fe para recibirlo. Todo lo que recibimos de Dios viene mediante la fe. La fe es una fuerza poderosa que habita en nuestro espíritu, pero necesita ser liberada para que pueda hacer algún bien. Podemos liberar nuestra fe orando, hablando en acuerdo con la Palabra de Dios, y llevando a cabo acciones inspiradas por Dios.

Si la idea del favor de Dios es nueva para ti y nunca lo has pedido, te estás perdiendo una bendición tremenda que Dios quiere que disfrutes. Lee los siguientes versículos acerca del favor:

> Que el favor del Señor nuestro Dios esté sobre nosotros. Confirma en nosotros la obra de nuestras manos; sí, confirma la obra de nuestras manos.
>
> Salmos 90:17

> Por su parte, el niño Samuel seguía creciendo y ganándose el aprecio del Señor y de la gente.
>
> 1 Samuel 2:26

> El Señor le dijo a Moisés: «Tan cierto es que te has ganado mi favor, y que te conozco por nombre, que voy a hacer lo que me has pedido».
>
> Éxodo 33:17 RVC

Noé tuvo favor con Dios (Genesis 6:8), y David tuvo favor con Dios (Hechos 7:45–46). Ester tuvo favor con el rey de Persia (Ester 2:17). Rut tuvo favor con Booz (Rut 2:10–13). José tuvo favor con Potifar, el carcelero, y el faraón (Génesis 39:4, 21; 41:39–44). Muchas otras personas mencionadas en la Biblia también experimentaron favor.

En el Nuevo Testamento aprendemos que somos salvos por gracia (Efesios 2:8), y yo defino *gracia* en parte como «el favor de Dios inmerecido». María, la madre de Jesús, halló favor con Dios (Lucas 1:30), e incluso Jesús crecía en estatura y favor con Dios y con los hombres (Lucas 2:52).

Cada día cuando ores, pide favor a Dios, y comenzarás a ver que suceden algunas cosas maravillosas en tu vida. Recuerda que el favor no es algo que nos ganamos; si así fuera, no sería favor. El favor es inmerecido, de modo que no seas tímido al pedirlo incluso si has cometido errores. Sencillamente arrepiéntete y pídele favor a Dios con valentía.

Arrepiéntete y pídele favor a Dios con valentía.

CAPÍTULO 15

Simplemente pide

Le haces a Dios un gran elogio pidiéndole grandes cosas.

Teresa de Ávila[30]

Hay una lección maravillosa que aprender de Santiago 4:1–2:

> ¿De dónde surgen las guerras y los conflictos entre ustedes? ¿No es precisamente de las pasiones que luchan dentro de ustedes mismos? Desean algo y no lo consiguen. Matan y sienten envidia, y no pueden obtener lo que quieren. Riñen y se hacen la guerra. No tienen, porque no piden.

Dios me dio entendimiento de estos versículos en un momento en mi vida en el que estaba muy frustrada porque estaba intentando conseguir algunas cosas que quería, y nada de lo que hacía funcionaba. No eran cosas malas. Por ejemplo, quería que mi ministerio creciera. Quería cambiar y ser más como pensaba que Jesús quería que fuera. Quería que otras personas cambiaran y me resultara más fácil llevarme bien con ellas. Quería, y quería, y quería, pero simplemente no le había pedido a Dios lo que quería. Tal vez, algunas veces pensamos que podemos pedir a Dios que nos perdone las cosas malas que hacemos, pero no entendemos que también deberíamos y podemos pedirle las cosas buenas que queremos.

Tal vez no le estás pidiendo a Dios cosas lo bastante grandes.

Lo peor que puede suceder si le pedimos a Dios algo que no está en su voluntad es que Él no nos lo dará; sin embargo, no se enojará con nosotros por pedir.

Santiago sigue diciendo que a veces no recibimos porque nuestros motivos para pedir son erróneos (Santiago 4:3). Pedimos con egoísmo, pensando solamente en nosotros mismos. Si ese es el caso, el Espíritu Santo nos corregirá y nos enseñará a orar apropiadamente.

Efesios 3:20 enseña que Dios puede hacer mucho más de lo que nunca podríamos pensar, esperar o imaginar. Tal vez no le estás pidiendo a Dios cosas lo bastante grandes. Yo digo con frecuencia que prefiero pedir mucho a Dios y obtener parte de eso, que no pedirle nada y obtener toda mi petición.

Hay bendiciones materiales y bendiciones espirituales, y las espirituales son las más importantes. Efesios 1:3 dice: «Alabado sea Dios, Padre de nuestro Señor Jesucristo, que *nos ha bendecido* en las regiones celestiales *con toda bendición espiritual en Cristo*» (énfasis de la autora).

Dios *ya* ha provisto toda bendición espiritual en Cristo, y simplemente está esperando que nosotros pidamos para recibirlas. Podemos pedir a Dios que nos ayude a ser más como Jesús, que nos ayude a crecer espiritualmente, y que nos capacite para darle gloria a Él en todo lo que hagamos. Pide que ponga en tu camino personas con necesidad para que puedas ayudarles. Pídele oportunidades para hablar de tu fe con personas que no conocen a Jesús. Hay incontables bendiciones espirituales que podemos y deberíamos pedir, además de las cosas materiales que necesitamos y queremos.

> *Dios está esperando a que pidas toda bendición espiritual que Él ya ha provisto.*

No tengas temor a pedirle a Dios cosas grandes, porque Él es un Dios grande que ama hacer cosas grandes. Recuerda siempre que Él quiere bendecirte no porque eres bueno sino porque *Él* es bueno.

Si necesitas un auto nuevo, puedes pedírselo a Dios. Si nunca has sido dueño de tu propia casa y poseer un lugar donde vivir es un deseo de tu corazón, puedes pedirle que te lo conceda. Si nos deleitamos en el Señor, Él nos dará los deseos de nuestro corazón (Salmos 37:4).

Dios es un Dios dador

Uno de los versículos más estupendos en la Biblia es Juan 3:16: «Porque tanto amó Dios al mundo que dio a su Hijo unigénito, para que todo el que cree en él no se pierda, sino que tenga vida eterna». Al dar a Jesús, Dios dio lo mejor y lo único. Si tienes hijos, entonces sabes lo que es amar a alguien y querer hacer cosas por esa persona, especialmente cuando necesita ayuda. Me entristecería si mis hijos tuvieran necesidades y sintieran que no podían acudir a Dave y a mí y pedirnos ayuda. Cuando amas a tu familia, sus problemas se convierten también en tus problemas.

Ocasionalmente, uno de nuestros hijos puede pedir algo a lo que tenemos que decir no; sin embargo, solamente decimos no si no podemos ayudar o si no sentimos que sería lo mejor para ellos en ese momento, y ellos respetan nuestras decisiones. Deberíamos ser así también con el Señor. Pídele cualquier cosa, y conténtate con lo que Él te dé sabiendo que Él siempre hace lo que es mejor para ti.

Filipenses 4:19 dice: «Así que mi Dios suplirá todo lo que les falte, conforme a sus riquezas en gloria en Cristo Jesús» (RVC).

> *Ten la libertad y la valentía de pedir a Dios cualquier cosa.*

Una de mis hijas comentó recientemente que le encantaba una de mis piezas de joyería, y yo inmediatamente quise regalársela. Nada me bendice más que bendecir a mis hijos. Si yo me siento de ese modo, puedo imaginar cuánto se deleita Dios en bendecir a sus hijos que lo aman. Realmente quiero que creas que Dios ama bendecirte, y quiero que tengas la libertad y la valentía de pedirle cualquier cosa.

Nunca olvidaré a una cajera que conocí en una tienda departamental. Descubrí en la conversación que ella había sido cristiana por más de treinta años. Mientras conversábamos, le pregunté si trabajaba estrictamente a comisión o si era una empleada contratada. Me dijo que tenía un salario, pero que tenía que cumplir ciertas cuotas de venta para mantener su empleo. Estaba preocupada porque recientemente no había cumplido con esas cuotas de venta.

Yo le dije: «Bueno, ¿le pides a Dios que les dé a los clientes el deseo de acudir a tu sección para que puedas servirles?».

Ella me miró con una expresión de perplejidad y preguntó: «¿Estaría bien que le pida a Dios que me ayude con algo concerniente al dinero?».

Desde luego, le dije que estaría bien y que Dios se agradaría en ayudarla.

Me entristeció que esa mujer hubiera estado en la iglesia por más de treinta años y no supiera que Dios es generoso y quiere ayudarnos con todas nuestras necesidades, incluidas necesidades que implican dinero. Ella tenía una necesidad, y Dios quiere suplir todas nuestras necesidades conforme a sus riquezas en gloria en Cristo Jesús (Filipenses 4:19).

Comienza a pedirle a Dios cosas grandes.

No tienes porque no pides (Santiago 4:2). Comienza a pedirle a Dios cosas grandes y comprueba lo que Él hará por ti. Si el momento no es el correcto para que tengas lo que has pedido, entonces tendrás que esperarlo, pero aun así puedes pedir.

¡Yo no merezco eso!

Los motivos por los que las personas son renuentes a pedirle a Dios cosas grandes me resultan interesantes. Yo dudaba en pedir cosas grandes hasta que Dios me enseñó que podía hacerlo. Creo que muchas veces no pedimos, porque pensamos que no merecemos ninguna de las bendiciones de Dios, y mucho menos las grandes. Pedimos si estamos desesperados por recibir la ayuda de Dios, pero si es algo «extra» y podríamos pasar sin ello, a menudo no somos lo bastante valientes para pedirlo. Creo que Dios desea hacer mucho más por nosotros de lo que ni siquiera sabemos pedir. ¿Sabes que Dios quiere que te acerques a su trono con confianza? Hebreos 4:15–16 dice:

> Porque no tenemos un sumo sacerdote incapaz de compadecerse de nuestras debilidades, sino uno que ha sido tentado en todo de la misma manera que nosotros, aunque sin pecado. Así que acerquémonos confiadamente al trono de la gracia para recibir misericordia y hallar la gracia que nos ayude en el momento que más la necesitemos.

Como sabemos que Dios nos ama, podemos acudir con confianza a su trono y pedir todo lo que necesitemos, incluso cuando sabemos que estamos lejos de ser perfectos en nuestra conducta. Todos tenemos debilidades, pero una debilidad es diferente a la maldad. Dios mira el corazón. Muchas personas que aman a Dios con sinceridad también tienen debilidades en las que están trabajando, y esas debilidades no evitarán que Dios les ayude y les bendiga.

Jesús les dijo a sus discípulos que ya estaban limpios por la Palabra que les había dado (Juan 15:3). Este versículo antes me confundía porque pensaba: *¿Cómo pueden estar limpios?* Pedro iba a negarlo (Lucas 22:34), y discutían acerca de cuál de ellos era el mayor (Lucas 22:24). Tomás era negativo y a menudo estaba lleno de dudas (Juan 20:24–29).

Por lo tanto, repito: ¿cómo podían estar limpios? Lo entendí cuando me di cuenta de que las debilidades son diferentes a las maldades. Ellos tenían debilidades, pero amaban a Jesús y no eran malvados. Por fortuna, Dios ve nuestro corazón. Jesús entiende nuestras debilidades, y si acudimos con confianza al trono y le pedimos su ayuda, encontraremos misericordia y no juicio (Hebreos 4:16).

> *No siempre obtienes lo que mereces, pero participas en lo que Jesús merece.*

Todos cometemos errores. Pecamos y verdaderamente no merecemos la ayuda de Dios en ningún área de la vida. Por fortuna, no obtenemos lo que merecemos, sino que somos partícipes de lo que Jesús merece. Somos coherederos con Jesús (Romanos 8:17). Te daré un ejemplo para demostrar lo que significa ser un heredero con Cristo: Dave y yo tenemos un testamento para que, cuando Dios nos llame al cielo, nuestros hijos reciban todos ellos una parte igualitaria de todo lo que tenemos. Y sé que sus hijos obtendrán una parte de lo que ellos reciban de nosotros. Ni nuestros hijos ni tampoco nuestros nietos habrán trabajado por lo que les dejemos. Dave y yo hemos hecho el trabajo, y ellos heredarán aquello por lo que nosotros trabajamos y ganamos. Esto está basado totalmente en nuestra relación con ellos y nada más. Los amamos y sabemos que ellos nos aman.

Dios sabe que nunca podríamos merecer su bondad, y esa es una de las razones por las que envió a Jesús. Jesús no tenía pecado, y merece todo lo que Dios tiene. Si creemos en Él y tenemos una buena relación con Él, amándolo con nuestro todo nuestro corazón, entonces podemos ser partícipes junto con Él en disfrutar de su herencia. Lo que Él tiene se convierte en nuestro.

Nunca olvides que la Palabra de Dios dice que no tenemos porque no pedimos. Cuando sí pedimos, debemos hacerlo en fe, y la fe debe ser liberada para que actúe. Un modo en que es liberada es mediante la oración (petición).

Simplemente imagina: a causa de Jesús y nuestra fe en Él podemos tener la confianza de acudir delante de Dios en cualquier momento, sabiendo que somos bienvenidos. Él nos dice que nos acerquemos con confianza y seguridad.

Consideremos también 1 Juan 5:14: «Esta es la confianza que tenemos al acercarnos a Dios: que, si pedimos conforme a su voluntad, él nos oye». ¿Cómo nos acercamos a Dios en oración? ¿Acudimos a Él con confianza, esperando que nos responda, o nos acercamos a Él con dudas, preguntándonos si estará bien que pidamos lo que necesitamos y queremos? Acudir con confianza no significa acudir sin reverencia. Siempre nos acercamos a Dios con reverencia, respeto y asombro, pero no tenemos que acercarnos a Él con temor o recelo.

Pídele a Dios que convierta tu problema en bendición

Da un paso de fe y pide a Dios que tome tu problema (desorden) y lo convierta en bendición. Pide la doble porción de la que leemos en Isaías 61:7. Incluso si sabes que parte de tu desorden fue causado por tu propia falta de sabiduría o pecado, puedes arrepentirte y pedirle a Dios que obre para tu bien (Romanos 8:28).

Puedes ser bendecido de modo radical y extravagante si eres lo bastante valiente para pedir tales bendiciones. Sé que puedes estar pensando: *¡Pero no lo merezco!* Eso es cierto, y es uno de los motivos por los que las bendiciones de Dios son tan buenas. No las merecemos, pero Jesús tomó nuestro lugar, pagó por nuestro pecado, tomó nuestro castigo, y ha preparado una vida buena para que la vivamos. Recuerda que no tienes porque no pides. La Biblia dice: «Pidan y recibirán, para que su alegría sea completa» (Juan 16:24). ¡Eso son buenas noticias! Pide, pide, y después pide todavía más. Si no pides nada, eso es lo que obtendrás; sin embargo, si eres lo bastante valiente para pedir cosas grandes, puedes prepararte para quedar asombrado.

Hay dos partes en las promesas de bendición de Dios. Está la parte de Dios, y sabemos que Él siempre será fiel en hacer lo que ha dicho que hará. Después está nuestra parte. Como mencioné en un capítulo anterior, si esperamos bendiciones radicales y extravagantes, deberíamos dar a Dios una obediencia radical y extravagante.

Si esperas bendiciones extravagantes, deberías dar a Dios una obediencia extravagante.

Con esto en mente, asegúrate de hacer fielmente tres cosas sencillas. Creo que estas cosas representan las áreas en las cuales la mayoría de las personas no son obedientes y, por consiguiente, pierden las bendiciones que Dios quiere darles:

1. Cuando peques, arrepiéntete de inmediato y con sinceridad.
2. No permitas que la falta de perdón hacia alguien permanezca en tu corazón, porque la falta de perdón obstaculiza la oración.
3. Sé extremadamente agradecido por todo lo que Dios ha hecho y sigue haciendo por ti. Dios responderá las oraciones, pero no responde las quejas. La gratitud evita que nos quejemos.

Además de esas tres cosas, yo intento ser cuidadosa en mantener mi corazón libre de ofensa, porque prefiero estar bendecida que estar enojada, y espero que tú también. Esto puede ser desafiante a veces, pero siempre tenemos el poder del Espíritu Santo a nuestra disposición para ayudarnos a hacer las cosas difíciles que Dios nos pide que hagamos.

De nuevo, ten en mente que no tienes si no pides. Comienza a pedir a Dios cualquier cosa que necesites y quieras, y sigue pidiendo. Sé que he repetido eso varias veces, pero lo he hecho a propósito porque es difícil que creamos que es cierto. Asegúrate de que tus peticiones no pesen más que tu alabanza a Dios. Ama a Dios, obedécelo, disfruta las bendiciones que tienes, y mira adelante a las que están en camino en este momento. Dios suplirá tus necesidades. Él te dará lo que quieres si es lo correcto para ti, y lo hará en el momento apropiado.

Salmos 37:4 dice que, si nos deleitamos en el Señor, Él nos dará los deseos de nuestro corazón. Este versículo me emociona. No tenemos que perseguir cosas. En cambio, podemos perseguir a Dios, y las cosas que son correctas para nosotros llegarán en el momento adecuado.

CAPÍTULO 16

Cómo recibir bendición y tener menos desorden

Si obedeces al Señor tu Dios, todas estas bendiciones vendrán sobre ti y te acompañarán siempre.

Deuteronomio 28:2

Según Eclesiastés 12:13 en la versión Amplified Bible (en inglés), honrar a Dios es la base para la felicidad y «el ajuste de todas las circunstancias discordantes»:

> Todo este discurso termina en lo siguiente: Teme a Dios [reveréncialo y témelo,] y guarda sus mandamientos, porque esto es el todo del hombre [el propósito original de su creación, el objeto de la providencia de Dios, la raíz del carácter, el fundamento de toda felicidad, el ajuste de todas las circunstancias y condiciones discordantes bajo el sol, y la obligación de todo hombre. (Traducción libre)

Salomón escribió este versículo de la Escritura, y creo que es maravilloso. Salomón probó todo lo imaginable para lograr ser feliz. No se negó ningún placer, y poseía todo lo que una persona podría querer. Construyó casas y tuvo muchas esposas y concubinas, pero, a pesar de lo que tuviera, nunca estaba satisfecho. Dijo que todo era vanidad. Era inútil, como «correr tras el viento» (Eclesiastés 1:14).

Eclesiastés 12:13 está en el último capítulo del libro de Eclesiastés, y en ese punto Salomón finalmente había encontrado la respuesta a su búsqueda de la felicidad: temer y adorar a Dios y guardar sus mandamientos. Según Salomón, eso es «el todo del hombre». Dice en este versículo que honrar a Dios es «el fundamento de toda felicidad» y lo único que arreglará circunstancias y condiciones que nos hacen infelices. Es toda una declaración, y creo que resume la respuesta a todas nuestras preguntas.

¿Cómo puedes recibir bendición y tener menos desorden? Simplemente sigue las pautas de Eclesiastés 12:13 y, poco a poco, tu desorden se convertirá en una vida de bendición.

La versión Amplified Bible (en inglés) indica que *bendito* significa «feliz, envidiado, y próspero espiritualmente, con gozo y satisfacción en el favor y la salvación de Dios, independientemente de las condiciones externas» (Mateo 5:3).

Como mencioné anteriormente, la verdadera prosperidad no se trata solamente de tener dinero y posesiones materiales. Dios quiere que nuestras necesidades estén cubiertas y podamos dar a otros, pero la verdadera prosperidad engloba el éxito en cada área de la vida. De las diversas maneras en que las personas pueden prosperar, la prosperidad espiritual es la más importante.

La palabra hebrea para *prosperar, tsalach*, significa «tener éxito, progresar». Generalmente «expresa la idea de una aventura exitosa, contrariamente al fracaso», y «en ocasiones se utiliza para indicar victoria».[31] La palabra en el Nuevo Testamento para *prosperar, euodoo*, significa «ayudar en el camino propio».[32]

¿Qué queremos realmente?

Las personas creen frecuentemente que quieren cosas materiales o que quieren que sus circunstancias cambien, pero lo que en realidad queremos estar en paz, tener gozo, sentirnos bien y fuertes físicamente, tener personas que nos aman, y tener alguien a quien amar. También creo que todos queremos creer que estamos marcando una diferencia en el mundo. Queremos emplear nuestro tiempo en algo que tenga valor. Creo que la clave para la satisfacción de todos esos deseos es vivir en obediencia a Dios.

Pensemos en las relaciones, por ejemplo: si practicamos buenos modales y cortesía básica, como decir «por favor» y «gracias», ayudamos a que nuestras relaciones sean agradables. Si somos desprendidos, amables y alentadores, nos disculpamos cuando nos equivocamos y no discutimos por cosas frívolas, recorreremos un largo camino hacia mantener sanas nuestras relaciones. La Palabra de Dios nos enseña todo lo que necesitamos saber acerca de tener buenas relaciones.

La Palabra de Dios es práctica, y podemos aplicar sus enseñanzas fácilmente a nuestras circunstancias, especialmente enseñanzas de Proverbios, Salmos, y el Nuevo Testamento.

Un tema que se repite a lo largo del Antiguo Testamento es que, cuando los israelitas obedecían a Dios, eran bendecidos, tenían favor, y ganaban sus guerras; sin embargo, cuando se olvidaban de Dios y andaban en sus propios caminos, no eran bendecidos. Tal como leemos en el Antiguo Testamento, este escenario se repite muchas veces y bajo tantas circunstancias, que no veo cómo cualquiera podría pasarlo por alto.

El mismo principio es cierto hoy día. Cuando obedecemos a Dios somos bendecidos; y, cuando no lo obedecemos nos perdemos sus bendiciones. No nos ganamos las bendiciones de Dios con nuestras buenas obras, pero somos recompensados por el bien que hacemos desde un corazón purificado por Jesús. Sin considerar nuestra buena conducta, nunca podemos

Si no obedeces a Dios, te perderás sus bendiciones.

merecernos la bondad de Dios; sin embargo, si nuestro corazón está en paz con Él y buscamos agradarlo, Él se agrada.

Hebreos 11:6 nos enseña: «En realidad, sin fe es imposible agradar a Dios, ya que cualquiera que se acerca a Dios tiene que creer que él existe y que recompensa a quienes lo buscan». ¿Estás buscando a Dios con diligencia? En ese caso, probablemente no te comportarás de modo perfecto (porque nadie lo hace), caminarás en obediencia a Dios o te arrepentirás cuando no lo hagas. No serás capaz de vivir una vida descuidada y de pecado sin que te importe.

Obediencia radical y bendiciones extravagantes

Hay ocasiones en las que Dios nos pide que lo obedezcamos de maneras que pueden parecer radicales. Si lo hacemos, llegará a nuestra vida una bendición extravagante. Nuestro Dios es un Dios grande, y se deleita en hacer cosas grandes por sus hijos. Por ejemplo, si obedecemos a Dios en nuestros donativos, Él abrirá las ventanas de los cielos y derramará bendiciones tan grandes que no podremos contenerlas (Malaquías 3:10). Él no promete darnos bendiciones a gotas, sino derramarlas con tal abundancia que quedemos totalmente asombrados. Sin importar cuántos problemas tengamos, tenemos muchos motivos para dar gracias a Dios por su bondad en nuestras vidas. Ser agresivamente agradecidos es una de las claves para vivir y disfrutar una vida de bendición.

> *Dios puede pedirte que lo obedezcas de maneras que parezcan radicales.*

Según 1 Corintios 2:9, Dios tiene muchas cosas buenas preparadas para nosotros:

> Como está escrito: «Las cosas que ningún ojo vio, ni ningún oído escuchó, Ni han penetrado en el corazón del hombre, Son las que Dios ha preparado para los que lo aman».

Este versículo nos dice claramente que lo que Dios tiene preparado para sus hijos está más allá de cualquier cosa que hayamos visto o escuchado, y está preparado para aquellos que lo obedecen prontamente y son agradecidos por todo lo que Él ha hecho y está haciendo.

Dios puede hacer «muchísimo más que todo lo que podamos imaginarnos o pedir» (Efesios 3:20). En Salmos 23:5 David observa que Dios incluso dispuso un banquete para él en presencia de sus enemigos.

Dios no solo quiere dar a sus hijos, sino que también quiere que seamos generosos en dar a los demás. Lucas 6:38 hace una gran promesa a quienes dan:

> Den, y se les dará: se les echará en el regazo una medida llena, apretada, sacudida y desbordante. Porque con la medida que midan a otros, se les medirá a ustedes.

Puede que digas: «Joyce, yo he dado y no he visto el tipo de bendición que promete este versículo». Permítame preguntarte: ¿Estás dando solamente lo que te resulta fácil o lo que sientes ganas de dar, o estás dando todo lo que Dios te pide que des? Solamente tú conoces la respuesta a esa pregunta. Dios tiene un momento adecuado para todas las cosas que ha planeado en nuestra vida, y es importante que *continuemos* en nuestra obediencia a Él sin importar cuánto tiempo tome que sus bendiciones se produzcan. Con respecto al dar, por ejemplo, tal vez lo que debes hacer es seguir dando. Repito que solamente tú conoces los detalles de tu situación concreta, pero algunas veces Dios busca perseverancia y constancia.

Vemos la palabra *permanecer* con frecuencia en la Biblia, y es una palabra importante. Continuar o *permanecer* significa no dejar de hacer algo hasta obtener un resultado deseado y aun así seguir haciéndolo. No podemos hacer lo correcto una sola vez y esperar que las ventanas de los cielos se abran para nosotros. Jesús dice que, si *permanecemos* en su Palabra (Juan 8:31 RVC), conoceremos la verdad, y la verdad nos hará libres (Juan 8:32 RVC). Se nos dice que permanezcamos en el amor de Dios (Juan 15:9 RVC). Pablo y Bernabé alentaron a los creyentes en la iglesia primitiva a «perseverar en la gracia de Dios» (Hechos 13:43), y exhortaron a los primeros discípulos a «perseverar en la fe» (Hechos 14:22). Leemos en Colosenses 4:2 que debemos «perseverar» en la oración con agradecimiento. Pablo instó Timoteo a permanecer «firme en lo que has aprendido» con respecto a la fe (2 Timoteo 3:14), y Hebreos 13:1 dice: «Que el amor fraternal permanezca en ustedes» (RVC).

> *Ser cristiano es un estilo de vida, no algo que practicas una vez por semana el domingo.*

Ser cristianos no es algo que practicamos una vez por semana el domingo en la mañana; es un estilo de vida. Perseveramos en hacer lo que enseñan la Palabra de Dios. Los primeros seguidores de Jesús se referían a su fe cristiana como «el Camino» porque era el modo en que se enseñaba a vivir a las personas.

Obediencia radical

Conozco a muchas personas que han obedecido a Dios de manera radicales, y tal vez tú también lo haces. Cuando digo que las personas obedecieron a Dios «de manera radicales» me refieró a que siguieron a Dios en algo que estaba por encima de la obediencia normal y del día a día. Dios les pidió que hicieran algo que no tenía sentido para sus mentes, y estoy segura de que en la mayoría de esas ocasiones no sentían ganas de hacerlo.

Te daré algunos ejemplos prácticos de mi propia vida. Dios me pidió que me ocupara de mis padres, que habían abusado de mí, y me asegurara de que tuvieran una buena vida. Dios me pidió que regalara mi abrigo favorito a una mujer que me había dañado profundamente. Me guio a dejar mi empleo cuando eso significaba que Dave y yo necesitaríamos un milagro cada mes solamente para pagar nuestras facturas. Él me pidió que dejara mi empleo en la iglesia donde era pastora asociada y llevara mi ministerio de enseñanza al norte, sur, este y oeste. Eso puede parecer emocionante, pero en aquellos tiempos nadie me conocía. Yo vivo en San Luis, Misuri, de modo que comencé a enseñar un estudio bíblico mensual en el norte, el sur, el este y

> *La obediencia radical es el modo de Dios de enseñarte a confiar en Él.*

el oeste de San Luis. Eso era lo único que yo podía hacer. Gradualmente, desde ahí, nuestro ministerio se ha difundido por todo el mundo. Cualquiera a quien Dios vaya a usar tendrá que dar pasos de fe que no siempre tendrán sentido para la mente natural y que nos sacarán de nuestra zona de comodidad. Parte de la razón por la cual Dios nos pide que demos pasos de obediencia radical es que está probando nuestro nivel de compromiso con Él y enseñándonos a confiar en Él.

Hombres y mujeres de la Biblia que obedecieron a Dios radicalmente

La Biblia está llena de historias de obediencia radical. Veamos algunas de ellas.

Noé construye el arca

En Génesis 6:13 Dios le dijo a Noé que destruiría la tierra y a todos sus habitantes debido al pecado. También le dijo a Noé que construyera un arca (un barco inmenso) para que su familia y él sobrevivieran al devastador diluvio que cubriría toda la tierra. Dios dio a Noé las especificaciones exactas para el arca y le dijo que tomara dos de todas las criaturas vivientes (un macho y una hembra) para que pudieran comenzar a repoblar la tierra después del diluvio.

Aunque Noé nunca antes había visto un diluvio ni tenía ninguna señal visible de lo que Dios le dijo que era cierto, obedeció a Dios y construyó el arca. Hebreos 11:7 dice: «Por la fe Noé, advertido sobre cosas que aún no se veían, con temor reverente construyó un arca para salvar a su familia».

Imagina cuán necio lo consideraron todos los demás. Estoy segura de que él mismo se preguntó en ocasiones si realmente lo que oyó vino de Dios.

Los eruditos no se ponen de acuerdo en cuántos años le tomó a Noé construir el arca. Algunos dicen de veinte a cuarenta años mientras que otros dicen que tomó ciento veinte años, para dar a las personas que vivían en aquella época mucho tiempo para arrepentirse de sus caminos de pecado. Ya sea que tomara veinte años o ciento veinte años, Noé tuvo mucho tiempo para pensar en lo que estaba haciendo. Estoy segura de que el diablo le decía a Noé que estaba loco, pero él obedeció a Dios y fue bendecido, porque solamente su familia y él sobrevivieron al diluvio. Dios pidió a Noé que hiciera algo radical y él obedeció, sin permitir que su propia mente o las opiniones de los demás lo detuvieran. ¿Te ha pedido Dios que hagas algo que te parece radical? En ese caso, ¿estás siguiendo al Espíritu Santo en obediencia radical, o permites que tu razonamiento te dirija?

Daniel se mantuvo fiel a Dios

Daniel era un joven judío que fue capturado y llevado desde su hogar en Jerusalén para servir en la corte del rey Darío en Babilonia. En Babilonia estaba rodeado de personas que no seguían a Dios y no respetaban su religión; sin embargo, fue ascendido por encima de todos los demás que trabajaban a su lado. Eso sucedió debido a que las «extraordinarias cualidades» de Daniel (Daniel 6:3) lo distinguieron entre los administradores de la corte hasta el grado en que el rey lo puso a cargo de todo el gobierno (Daniel 6:1–4). Daniel era un hombre de excelencia (Daniel 5:12) y de obediencia a Dios. Debido a que Daniel tenía favor con el rey, algunas de las personas celosas que lo rodeaban pidieron el rey que hiciera una ley que declarara que, durante treinta días, nadie podía orar a ningún otro dios o ser humano excepto al rey. El castigo por quebrantar esa ley era ser lanzado a un foso con leones (Daniel 6:7). Sabían que Daniel no obedecería esa ley, y esperaban verlo morir. Daniel continuó orando, como siempre había hecho, y se ponía de rodillas con las ventanas abiertas para orar a Dios tres veces al día (Daniel 6:10). Debido a eso, terminó siendo lanzado al foso de los leones (Daniel 6:16). Daniel caía muy bien al rey Darío, pero el rey tenía que obedecer su propio decreto; por lo tanto, cuando Daniel fue lanzado al foso de los leones, el rey le dijo: «¡Que tu Dios, a quien siempre sirves, se digne salvarte!» (Daniel 6:16). Dios envió un ángel para cerrar las bocas de los leones, y Daniel salió sin sufrir ningún daño (Daniel 6:22).

A lo largo de su cautiverio, Daniel se negó a hacer concesiones y Dios lo protegió y lo bendijo.

Abram dejó todo lo familiar

Abram (más adelante llamado Abraham) recibió la instrucción de salir de la casa de su padre y dejar todo lo que conocía para ir a un lugar que Dios le mostraría (Génesis 12:1), pero Dios no le dijo dónde le estaba guiando hasta después de comenzar su viaje. Esto me parece bastante radical. Si me hubiera sucedido a mí podría haber obedecido, pero estoy bastante segura de que al menos querría saber dónde iba.

Dios prometió a Abram que lo bendeciría y engrandecería su nombre, y haría de él una bendición (Génesis 12:2). Le dijo que serían bendecidos todos los que lo bendijeran, y que todos los pueblos de la tierra serían benditos por medio de él (Génesis 12:3). Sin embargo, Abram ni siquiera tenía un hijo, y era demasiado anciano para tenerlo con su esposa Sara sin que se produjera un milagro (Génesis 18:11). Pero Abram creyó a Dios, y Dios se lo contó como justicia (Génesis 15:6). Cuando Abrahán tenía noventa y nueve años de edad, Dios se le apareció y Abram se postró sobre su rostro delante de Él (Génesis 17:1–3). Dios cambió su nombre por el de Abraham, diciendo: «te he confirmado como padre de una multitud de naciones» (Génesis 17:5).

Otros que fueron radicalmente obedientes a Dios

La Palabra de Dios relata las historias de muchas otras personas que obedecieron radicalmente a Dios. En el Antiguo Testamento leemos acerca de personas como Rut, que se mantuvo fiel a su suegra Noemí, aunque eso significó dejar su tierra natal (Rut 1:15–19), y finalmente se casó con un hombre muy rico y respetado (Rut 4:13). También vemos la historia de Ester, una joven judía que se arriesgó al acercarse al rey sin ser invitada (un incumplimiento del protocolo) y finalmente salvó a su nación (Ester 4:12–14; 8:1–8). Además, vemos la historia de José, a quien, aunque sus hermanos maltrataron gravemente, (Génesis 37:4–28), se le otorgó favor con Dios y con los hombres (Génesis 39:20–23). Fue a la cárcel durante años por algo que no hizo (Génesis 39:6–20), pero finalmente terminó en el palacio siendo el segundo después del faraón (Génesis 41:41–43).

En el Nuevo Testamento leemos acerca de los discípulos que dejaron sus negocios y siguieron a Jesús (Mateo 4:18–22). Y Jesús mismo fue extremadamente obediente, incluso hasta la muerte. Pablo escribe acerca de esto en Filipenses 2:8–10 (RVC):

> Y estando en la condición de hombre, se humilló a sí mismo y se hizo obediente hasta la muerte, y muerte de cruz. Por lo cual Dios también lo exaltó hasta lo sumo, y le dio un nombre que es sobre todo nombre, para que en el nombre de Jesús se doble toda rodilla de los que están en los cielos, y en la tierra, y debajo de la tierra.

Si Dios bendijo de modo extravagante a las personas de las que leemos en la Escritura por su obediencia radical, podemos esperar que haga lo mismo por nosotros, porque «con Dios no hay favoritismo» (Romanos 2:11). Creo que uno de nuestros problemas es que a menudo leemos la Biblia sin tomarla personalmente. La leemos como si estuviéramos leyendo las historias de otras personas, lo cual indudablemente así es, pero Dios quiere hacer por nosotros lo que ha hecho por las personas de las que leemos.

Como mencioné anteriormente, cuando comencé mi relación con Dios por medio de Jesús, toda mi vida era un desorden. En verdad no puedo pensar en ninguna área en la cual no tuviera un problema. Fui a la iglesia por varios años, pero no vi ningún cambio. Quería desesperadamente que las circunstancias cambiaran, pero al final aprendí que tenía que permitir que Dios me cambiara *a mí* antes de que mi vida pudiera cambiar.

Tuve que permitir que Dios me cambiara a mí antes de que mi vida pudiera cambiar.

Comencé a aprender a ser obediente a Dios, pero fue un proceso. Primero tuve que estudiar la Palabra de Dios, y entender que era mucho más que un libro antiguo escrito a un grupo de personas que ya no estaban vivas; que también fue escrita para mí. Aunque el mundo se ha modernizado desde que se escribieron las Escrituras, la ley moral de Dios sigue siendo la misma. Tuve que aprender que, si quería que mi vida cambiara y fuera bendecida, tenía que aprender a ser obediente a Dios, y en ocasiones radicalmente obediente.

Dios me pidió que hiciera algunas cosas que para mí no tenían sentido. No parecían justas, y yo no quería hacerlas; sin embargo, debido a mi amor por el Señor las hice y fui bendecida por hacerlo. En una ocasión ayuné durante treinta días. Aunque mi pastor no sabía que había estado ayunando o que acaba de terminar el ayuno, me llamó a su oficina y me dijo que Dios había puesto en su corazón que me ordenara para el ministerio y me nombrara pastora asociada en la iglesia. Estaba emocionada mucho más de lo que las palabras pueden expresar. Fue como si Dios estuviera diciendo: «Yo te he llamado y te estoy honrando».

Si eres radicalmente obediente a Dios, tendrás menos desorden en tu vida.

Si eres obediente a Dios de modo radical, finalmente tendrás menos desorden en tu vida. A medida que continúes en obediencia, el desorden se irá haciendo cada vez más pequeño y, finalmente, las bendiciones de Dios te alcanzarán, y el modo desordenado en que antes vivías se convertirá en un recuerdo distante. Si sientes que aún te queda un camino muy largo por recorrer, no te desalientes. Cada día que haces progreso te lleva un día más cerca de vivir la vida de bendición que Dios quiere que tengas. Simplemente piensa en cuán maravilloso será tener paz, gozo, paz con Dios, ser bendecido, y poder ser una bendición para otros. Piensa en cuán estupendo será tener relaciones sanas, ser capaz de perdonar rápidamente, tener seguridad en ti mismo, ver respondidas tus oraciones, y experimentar decenas de otras cosas que producirán alegría a tu corazón. No te demores; comienza hoy mismo.

PARTE 3

Las Bienaventuranzas: claves para la bendición

CAPÍTULO 17

La primera y segunda bienaventuranzas

Llegar a ser un hijo es vivir las Bienaventuranzas y encontrar así la puerta estrecha que conduce al reino.

Henri J. M. Nouwen[33]

Sería negligente al escribir acerca de recibir bendición si no escribiera sobre las Bienaventuranzas, que se encuentran en Mateo 5:1–12 y son parte del Sermón del Monte de Jesús (Mateo 5–7). La palabra *bienaventuranza* significa «felicidad completa que proviene de ser bendecido (= hecho santo) por Dios».[34] Las Bienaventuranzas ensalzan cierta actitud, un modo de vivir. Hay ocho, y cada una de ellas va vinculada a una bendición. Vivir como nos enseñan las Bienaventuranzas requiere obediencia a Dios y la ayuda del Espíritu Santo.

Antes de pensar en cada bienaventuranza individualmente, veamos el pasaje completo de la Escritura:

> Cuando Jesús vio a la multitud, subió al monte y se sentó. Entonces sus discípulos se le acercaron, y él comenzó a enseñarles diciendo:
>
> «Bienaventurados los pobres en espíritu, porque de ellos es el reino de los cielos.
>
> »Bienaventurados los que lloran, porque ellos recibirán consolación.
>
> »Bienaventurados los mansos, porque ellos heredarán la tierra.
>
> »Bienaventurados los que tienen hambre y sed de justicia, porque ellos serán saciados.
>
> »Bienaventurados los misericordiosos, porque ellos serán tratados con misericordia.
>
> »Bienaventurados los de limpio corazón, porque ellos verán a Dios.

»Bienaventurados los pacificadores, porque ellos serán llamados hijos de Dios.

»Bienaventurados los que padecen persecución por causa de la justicia, porque de ellos es el reino de los cielos.

»Bienaventurados serán ustedes cuando por mi causa los insulten y persigan, y mientan y digan contra ustedes toda clase de mal. Gócense y alégrense, porque en los cielos ya tienen ustedes un gran galardón; pues así persiguieron a los profetas que vivieron antes que ustedes».

Mateo 5:1–12 RVC

Las Bienaventuranzas son bendiciones pronunciadas sobre virtudes que Dios quiere que mostremos. Según el diccionario Noah Webster de 1828:[35] «El sentido radical [de *virtud*] es fortaleza por presionar, estirar, extender». La segunda y tercera definiciones dicen: «valor con osadía… bondad moral; la práctica de obligaciones morales y la abstinencia del vicio». La tercera definición sigue diciendo: «En este sentido, la *virtud* puede ser distinguida, y en muchas ocasiones debe serlo, de la religión».

La religión a menudo se ve solamente en nuestros actos externos, mientras que la virtud es un asunto del corazón. El diccionario Noah Webster de 1828 también observa: «VIRTUD no es otra cosa sino obediencia voluntaria a la verdad», y además define *virtud* como «una experiencia moral particular; como la *virtud* de la templanza, de la castidad, de la caridad»; «poder para actuar»; y «excelencia; o aquello que constituye valor y mérito».

Si intentara resumir con mis propias palabras lo que he aprendido acerca de las Bienaventuranzas, diría que las Bienaventuranzas son cualidades de excelencia moral obtenidas mediante la obediencia a Dios, basadas en el amor por Él que tiene la persona y que conllevan bendiciones vinculadas.

Las cualidades de carácter mencionadas en las Bienaventuranzas no son fáciles de obtener, y van en contra de nuestra naturaleza humana (quiénes somos sin Dios). Sin embargo, todas las cosas son posibles para Dios, y el Espíritu Santo nos ayuda a obedecer la Palabra de Dios de modo que podamos vivir como Jesús nos enseña en Mateo 5:1–12. Dios nos cambia a la imagen de Cristo, quien tuvo todas estas cualidades morales.

Pasaremos el resto de este capítulo examinando las dos primeras bienaventuranzas. Las he presentado anteriormente en este capítulo en la versión de la Biblia Reina-Valera Contemporánea, pero me gustaría que las examinemos individualmente en la versión Amplified Bible, Classic Edition (en inglés), en la que cada versículo es más descriptivo. Utilizo esta versión a propósito porque ofrece mucha perspectiva de cada versículo, y quiero que entiendas plenamente lo que significa ser bienaventurado o bendecido. Entre otras cosas, significa que podemos tener felicidad (gozo) sin considerar cuál sea nuestra condición exterior. También podemos experimentar el favor de Dios que se nos otorga debido a su gracia. Ser bendecido es maravilloso y asombroso. Somos bendecidos, y deberíamos dar gracias a Dios cada día por las maneras en que Él nos bendice.

1. Bienaventurados los pobres en espíritu

Benditos (felices, envidiados, y prósperos espiritualmente, con gozo en la vida y satisfacción en el favor y la salvación de Dios, sin considerar sus condiciones externas) son los pobres en espíritu (los humildes, quienes se consideran insignificantes), ¡porque de ellos es el reino de los cielos!

Mateo 5:3 AMPC (Traducción libre)

Los pobres de espíritu son humildes. No piensan de sí mismos más de lo que deberían. Rick Warren dice: «Humildad no es pensar menos de ti mismo; es pensar menos en ti mismo».[36]

Aunque el amor es la mayor virtud, muchas personas de Dios sabias afirman que la humildad se considera la más difícil de obtener y mantener, y yo estoy de acuerdo. Sin embargo, la Escritura nos alienta a vivir en humildad delante de Dios y en nuestras relaciones con otras personas, y promete bendiciones a quienes lo hacen. Efesios 4:2 dice: «Siempre humildes y amables, pacientes, tolerantes unos con otros en amor». Colosenses 3:12 dice: «Por lo tanto, como escogidos de Dios, santos y amados, revístanse de afecto entrañable y de bondad, humildad, amabilidad y paciencia». Y 1 Pedro 5:5 dice: «Dios se opone a los orgullosos, pero da gracia a los humildes».

Orgullo: lo contrario a la humildad

Creo que el orgullo, que es lo contrario a la humildad, es la raíz de toda maldad y el principio del pecado.

> *El orgullo es la raíz de toda maldad y el principio del pecado.*

Satanás estaba lleno de orgullo y, como resultado, fue expulsado del cielo (Ezequiel 28:17; Isaías 14:12–15). Intenta atraernos hacia el orgullo y alejarnos de la humildad porque sabe que hay una bendición vinculada a quienes son humildes, o como dice Mateo 5:3, «pobres en espíritu». El orgullo hace que nos comparemos con otras personas, pero quienes son pobres en espíritu lo evitan porque no ven necesidad alguna de comparación. El humilde no se compara a sí mismo con nadie porque está contento con quien Dios le hizo ser y con ejercitar los dones que Él le ha dado. No le preocupa lo que las personas puedan pensar, ya que su gozo se encuentra en agradar solamente a Dios.

La persona humilde trata a todo el mundo con respeto y no se preocupa meramente por sus propios intereses, sino también por los intereses de los demás. Si nos humillamos a nosotros mismos, Dios nos exaltará (1 Pedro 5:6). Dios quiere que vivamos en paz (2 Corintios 13:11), y a fin de mantener la paz debemos estar dispuestos a adaptarnos y ajustarnos a otros, pero el orgulloso no puede hacer eso. La paz no es posible sin humildad.

La paz no es posible sin humildad.

Dios usa a personas humildes que son moldeables en sus manos. El orgullo viene antes de la destrucción (Proverbios 16:18). Hay muchas personas mencionadas en la Biblia que fueron orgullosas y finalmente llegaron a su caída o destrucción, como Uzías (2 Crónicas 26:16-23) y Amán (Ester 6–7). El rey Nabucodonosor tuvo que ser depuesto debido al orgullo (Daniel 4:30-31); perdió la cordura y se hundió tan bajo que vivió en los campos y comió pasto con los bueyes por siete años hasta que recuperó la cordura y se humilló otra vez (Daniel 4:28-37). Y veamos lo que le sucedió a Herodes Agripa, que fue comido de gusanos porque no dio a Dios la gloria cuando debería haberlo hecho:

> El día señalado, Herodes, ataviado con su ropaje real y sentado en su trono, le dirigió un discurso al pueblo. La gente gritaba: «¡Voz de un dios, no de hombre!» Al instante un ángel del Señor lo hirió, porque no le había dado la gloria a Dios; y Herodes murió comido de gusanos.
>
> Hechos 12:21–23

El orgullo engañó incluso a los discípulos de Jesús, y lo mostraron cuando discutían acerca de cuál de ellos sería el mayor (Lucas 9:46).

El antídoto para el orgullo es la humildad, y la humildad es una característica de los pobres en espíritu. Debe buscarse con un celo ardiente. No llega con facilidad, y se escapa si no hay una vigilancia continua.

> *El antídoto para el orgullo es la humildad.*

Sé humilde en tu trato con otras personas

Tanto la humildad como el orgullo pueden verse fácilmente en el modo en que la gente trata a los demás. Quienes tienen poder sobre otros a menudo los maltratan, y Dios los vengará. Tratemos bien a todas las personas y con respeto, como hizo Jesús, especialmente a los pobres y los menospreciados. Dios se toma en serio, incluso personalmente, el modo en que tratamos a las personas. Jesús dice:

> «Porque tuve hambre, y ustedes no me dieron nada de comer; tuve sed, y no me dieron nada de beber; fui forastero, y no me dieron alojamiento; necesité ropa, y no me vistieron; estuve enfermo y en la

> cárcel, y no me atendieron". Ellos también le contestarán: "Señor, ¿cuándo te vimos hambriento o sediento, o como forastero, o necesitado de ropa, o enfermo, o en la cárcel, y no te ayudamos?" Él les responderá: "Les aseguro que todo lo que no hicieron por el más pequeño de mis hermanos, tampoco lo hicieron por mí».
>
> Mateo 25:42–45

Jesús dice que deberíamos llevar su yugo sobre nosotros y aprender de Él, porque Él es «manso y humilde de corazón» (Mateo 11:29 RVC). Jesús era bueno con las personas, especialmente con quienes sufrían, eran maltratados, o eran pobres. Siempre tenía tiempo para detenerse, escuchar, y ayudar a la gente.

2. Bienaventurados los que lloran

> Benditos y envidiosamente felices [con una felicidad producida por la experiencia del favor de Dios y especialmente condicionados por la revelación de su gracia sin igual] los que lloran, ¡porque serán consolados!
>
> Mateo 5:4 AMPC (Traducción libre)

Puedes experimentar gozo en medio de la tristeza.

Creo que «benditos los que lloran» significa que Dios bendice a quienes tienen un corazón tierno. Si creemos que la gracia y la soberanía de Dios son mayores que cualquier pérdida o decepción, podemos experimentar gozo en medio de la tristeza.

Las Bienaventuranzas son ejemplos excelentes de cómo podemos recibir bendición en medio de nuestro desorden. Mateo 5:4 nos enseña que el consuelo de Dios es tan maravilloso, que cualquier cosa que nos haga llorar abre la puerta a la extraordinaria bendición del consuelo.

La bendición del consuelo de Dios

He conocido personas que han soportado una tragedia tremenda y sin embargo se mantuvieron en paz, con amor y bondad. Otros les preguntaron: «¿Cómo es posible que puedas atravesar esa situación y tener una actitud tan buena?». Una mujer a la que conozco perdió a cuatro de sus hijos debido a un accidente por ahogamiento; sin embargo, ella no estaba enojada ni amargada, y nunca perdió su fe en Dios. En realidad, se apoyó en Dios incluso con más fuerza. La gracia y el consuelo de Dios fueron derramados sobre ella, y era evidente que el consuelo que sintió era sobrenatural.

Algunas personas cargan con el dolor de su pérdida y se niegan a ser consoladas.

Llorar es un resultado natural de cualquier tipo de pérdida, pero no debería convertirse en una condición permanente. Algunas personas cargan con el dolor de su pérdida y se niegan a ser consoladas. Jacob se negó a ser consolado con respecto a la pérdida de José. Dijo que se iría a la tumba llorando a José, y lloró por él (Génesis 37:35). Si estás llorando una pérdida en este momento, te aliento a que pidas el consuelo de Dios y lo recibas.

Según 2 Corintios 1:3–4, Él es el Dios de toda consolación:

> Alabado sea el Dios y Padre de nuestro Señor Jesucristo, Padre misericordioso y Dios de toda consolación, quien nos consuela en todas nuestras tribulaciones para que, con el mismo consuelo que de Dios hemos recibido, también nosotros podamos consolar a todos los que sufren.

Estos versículos dicen que, cuando experimentamos el consuelo de Dios, podemos consolar a otros con el consuelo que hemos recibido. Somos ciertamente bendecidos cuando podemos ofrecer a otros el consuelo que Dios nos ha dado.

Cuando suceden cosas malas a personas buenas

A menudo preguntamos: «¿Por qué les suceden cosas malas a personas buenas?». Pero una mejor pregunta sería la siguiente: «¿Qué les ocurre a las buenas personas cuando les suceden cosas malas?». Las siguientes son algunas de las respuestas:

- Crecen espiritualmente.
- Se recuperan siendo más fuertes de lo que eran antes.
- Son mejorados, no amargados.
- No se quejan por lo que han perdido; dan gracias a Dios por todo lo que todavía tienen.
- Siguen obedeciendo a Dios.
- Siguen siendo una bendición para otros, aunque estén sufriendo.
- Experimentan el consuelo de Dios.

Es difícil sentirse bendecido cuando hemos perdido algo; sin embargo, las cosas a las que nos aferramos a menudo nos separan de una relación más profunda con Dios. En la vida, descubrimos que Dios puede utilizar lo que parece ser la peor tragedia para acercarnos más a Él. Por ejemplo, podríamos perder una relación que es muy importante para nosotros, pero tal vez esa relación no es buena para nosotros. Dios, en su infinita sabiduría, puede separarnos de esa persona porque nos apartaría de lo que Dios quiere que hagamos en la vida. Al final veremos que lo que pensábamos que era trágico fue realmente una bendición.

José fue horriblemente maltratado por sus hermanos, y sin embargo terminó diciendo: «Es verdad que ustedes pensaron hacerme mal, pero Dios transformó ese mal en bien para lograr lo que hoy estamos viendo: salvar la vida de mucha gente» (Génesis 50:20).

La necedad de la autocompasión

La autocompasión no nos consuela; nos hace sentirnos cada vez más desgraciados. Si queremos el consuelo de Dios, necesitamos sacrificar el sentir lástima por nosotros mismos.

La autocompasión te hace sentir cada vez más desgraciado.

Aunque nos infligimos dolor a nosotros mismos cuando desperdiciamos el tiempo sintiéndonos víctimas o sintiendo lástima por nosotros mismos, a menudo decidimos hacerlo. Yo he aprendido finalmente que prefiero tener el consuelo de Dios que mi propia autocompasión.

La autocompasión está arraigada en el temor; cuando

sufrimos una tragedia, pérdida o decepción, tendemos a sentir lástima por nosotros mismos y tenemos temor a no recuperarnos nunca. Tememos que nunca recuperaremos lo que hemos perdido y que sentiremos siempre el dolor que sentimos en el momento presente. Si nos negamos a ser consolados, podemos sentir siempre el dolor, pero no tenemos por qué vivir de ese modo. Podemos ser lastimosos o poderosos, pero no podemos ser ambas cosas. Es nuestra decisión.

Las siguientes son varias señales que te ayudarán a reconocer la autocompasión:

- La autocompasión quiere culpar a alguien de sus problemas. Ya sea a un ser humano o a Dios, la autocompasión demanda que alguien sea el culpable.
- La autocompasión es pesimista. Supone que las malas noticias serán seguidas por más malas noticias, y se alimenta de esta negatividad.
- Las personas que sienten autocompasión pueden volverse tan negativas, que tal vez se molesten con cualquiera que intente consolarles o alentarles. Si alguien dice: «Dios te consolará y te dará su gracia», la autocompasión a menudo se pone a la defensiva. Alguien absorto en la autocompasión puede decirle a una persona que intenta ayudar: «Tú no entiendes cuán difíciles son las cosas para mí».
- La autocompasión quiere apoyo, pero el apoyo no es un verdadero consuelo.
- La autocompasión conversa y piensa incesantemente acerca de un problema.

- Las personas que están llenas de autocompasión consideran que están peor que cualquier otra persona. Si intentas compartir una dificultad que estás atravesando, la de ellos es siempre mucho peor que la tuya.
- Las personas que sienten autocompasión se niegan a recibir consejos que les ayudarán a salir de su situación.
- La autocompasión es egoísta porque nos centra en nosotros mismos y no pensamos en otra cosa excepto en cómo nos sentimos.
- La autocompasión no piensa mucho en las situaciones que soportan otras personas, sino que se enfoca intensamente en lo que nosotros estamos atravesando.

Mientras escribo estas palabras, tengo mi propio desorden. Me lesioné la espalda, y tengo gran dificultad para sentarme y levantarme de las sillas. Cuando quiero levantarme, tengo que llamar a Dave para que me ayude. Me pongo hielo en la espalda y camino así por la casa por cinco minutos cada treinta minutos, como me indicó mi quiropráctico. Aunque he orado y he pedido a otros que oren por mí, parece que estoy empeorando en lugar de mejorar. En cinco días tendré que asistir a la boda de mi nieta en Georgia, y dos días después tengo programado predicar en una iglesia allí.

Distintos escenarios posibles aparecen en mi mente, y debo descartarlos mientras sigo esperando que Dios me muestre qué curso de acción seguir. Preferiría experimentar una sanidad milagrosa, pero puede que Dios no me lleve por el camino fácil. Tal vez tenga que recorrer un camino que preferiría no tomar. Podría necesitar infiltraciones en mi espalda, una resonancia, o terapia física, y siento que no tengo tiempo para ninguna de esas cosas ahora. Todavía no conozco todas las respuestas, pero sé que sentir lástima de mí misma o intentar con todas mis fuerzas entender por qué me sucedió eso ahora mismo no me hará ningún bien. Necesito esperar con paciencia en Dios a la vez que confío en Él, y necesito seguir ayudando a otros todo lo que pueda. Por encima de todo, necesito esperar en Dios y creer que Él permitirá que cumpla con todos mis compromisos.

Encuentra consuelo en la esperanza

Un modo en que Dios nos consuela es dándonos esperanza. La esperanza es una expectativa de que Dios hará algo bueno en nuestra vida. Las personas que están llenas de esperanza esperan en Dios con expectación y con una actitud positiva. Creen que Dios hará que sus problemas se disponen para su bien (Romanos 8:28). También creen que pueden atravesar lo que sea necesario en Cristo, que les fortalece (Filipenses 4:13).

> *Dios te consuela dándote esperanza.*

Las personas que tienen una actitud positiva creen que Dios nunca permitirá que atraviesen más de lo que puedan soportar, y siempre les dará una salida de las situaciones que causen que se sientan atrapados (1 Corintios 10:13). Siempre que le digo a Dave: «Ya no puedo soportar más esto», él me recuerda ese versículo.

Dios promete estar con nosotros en los problemas, y las personas con una actitud positiva lo creen. Consideremos lo que Dios dice en Salmos 91:15: «Él me invocará, y yo le responderé; estaré con él en momentos de angustia; lo libraré y lo llenaré de honores». Salmos 34:19 dice: «Muchas son las angustias del justo, pero el Señor lo librará de todas ellas».

Dios obviamente quiere consolarnos en nuestras dificultades, porque además de consolarnos, ha enviado al Espíritu Santo, «el Consolador», para vivir en nosotros, según Juan 16:7:

> Pero les digo la verdad: Les conviene que me vaya porque, si no lo hago, el Consolador no vendrá a ustedes; en cambio, si me voy, se lo enviaré a ustedes.

Si has experimentado una pérdida dolorosa en tu vida, permíteme asegurarte que sé cuán difícil es eso, y siento compasión por ti; sin embargo, también quiero que sepas que el consuelo de Dios está a tu disposición. Podemos encontrar un gran consuelo cuando guardamos en nuestro corazón las palabras alentadoras de Jesús: «Pidan y recibirán, para que su alegría sea completa» (Juan 16:24).

Dios desea ayudarnos en todos nuestros problemas, y la bendición de su consuelo es una de las maneras en que lo hace. Dios puede darnos la paz que sobrepasa todo entendimiento en medio de nuestras situaciones más difíciles y dolorosas (Filipenses 4:7). Él te ama, y puedes confiar en que te dará una doble bendición por tu anterior problema (Isaías 61:7).

> *Dios puede darte la paz que sobrepasa todo entendimiento en medio de tus situaciones más dolorosas.*

Recibe el consuelo de Dios cuando hayas pecado

Aquellos de nosotros que amamos verdaderamente a Dios, lloramos y lamentamos cuando pecamos, especialmente si el pecado tiene consecuencias significativas; sin embargo, recordemos que quienes lloran son bienaventurados y serán consolados, según Mateo 5:4. Todo pecado es malo, pero algunos pecados nos molestan más que otros. Si alguien pierde los nervios y se comporta mal, es pecado; pero, si se arrepiente, su paz es restaurada con rapidez. Sin embargo, si alguien comete adulterio o roba algo, esas acciones probablemente serán más difíciles de superar.

Cuando pecamos, debemos recordar que Jesús vino para hacernos libres de todo pecado y su culpabilidad. Por medio de Él podemos resistir el pecado; pero, si no resistimos, aun así, podemos ser perdonados completamente cuando pecamos. El pecado a menudo produce resultados desagradables en nuestras vidas, y no estoy diciendo que el perdón nos libra de todas sus consecuencias, pero Dios nos perdonará a pesar de lo que hayamos hecho si nos arrepentimos verdaderamente. Deberíamos recordar que Dios nunca deja de amarnos.

Pensemos en estas palabras del salmista David:

> Dichoso aquel a quien se le perdonan sus transgresiones, a quien se le borran sus pecados. Dichoso aquel a quien el Señor no toma en cuenta su maldad y en cuyo espíritu no hay engaño.
>
> Salmos 32:1–2

Si cometiste un gran error, no estás solo. El rey David, quien escribió Salmos 32:1–2, cometió adulterio con Betsabé y después hizo que mataran a su esposo (2 Samuel 11:1–17). David era un hombre que estaba cerca de Dios, pero la debilidad de su carne le superó, e hizo una cosa terrible; sin embargo, Dios lo perdonó. Su casa nunca estuvo carente de guerra después de aquello (2 Samuel 12:10), pero él fue perdonado.

Al concluir este capítulo, quiero alentarte a que recibas el perdón de Dios y te perdones a ti mismo. Negarnos a recibir el perdón y el consuelo que Dios ofrece no hace ningún bien, y no arreglará una mala situación. Si Dios no quisiera que fueras consolado, no se llamaría «el Dios de toda consolación». Si estás llorando y lamentando por algo, recibe el consuelo de Dios y sigue adelante con tu vida, porque Él tiene muchas cosas buenas preparadas para ti.

CAPÍTULO 18

La tercera y cuarta bienaventuranzas

El corazón desagradecido...no descubre ninguna misericordia; pero que el corazón agradecido se extienda a lo largo del día, y como el imán encuentra al hierro, así también descubrirá, en cada hora, ¡algunas bendiciones celestiales!

Henry Ward Beecher[37]

Continuemos con nuestro estudio de las Bienaventuranzas a medida que nos vamos alejando del desorden en nuestra vida y nos acercamos a mayores bendiciones. En este capítulo examinaremos otros dos tipos de personas a las que Jesús llama bienaventuradas o dichosas.

3. Bienaventurados los mansos

> Benditos (felices, gozosos, prósperos espiritualmente, con gozo en la vida y satisfacción en el favor y la salvación de Dios, a pesar de sus condiciones externas) los mansos (los pacientes y humildes), ¡porque ellos heredarán la tierra!
>
> Mateo 5:5 AMPC (Traducción libre)

Ser manso es ser amable, humilde y modesto. Las personas que son mansas no se reafirman a sí mismas sobre otros para avanzar sus propios planes. «Heredar la tierra» significa disfrutar de las bendiciones de nuestra vida temporal en la tierra y de la vida eterna en el cielo. La mansedumbre a menudo se confunde con debilidad, pero en realidad es fuerza bajo control.

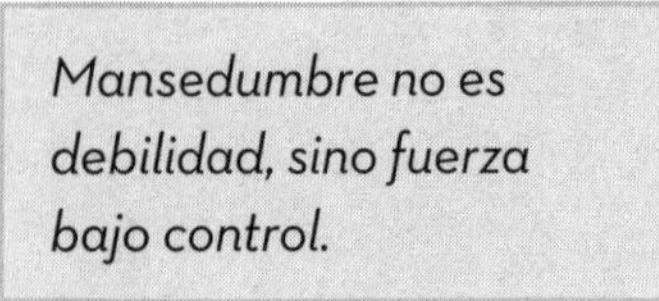

Jesús era manso, pero tenía todo el poder. Vemos un buen ejemplo de su mansedumbre cuando Judas y los soldados se acercaron a Él para arrestarlo en el huerto de Getsemaní.

Pedro sacó su espada y cortó la oreja de uno de los sirvientes del sumo sacerdote (Juan 18:10). Jesús simplemente le dijo a Pedro: «Guarda tu espada... ¿Crees que no puedo acudir a mi Padre, y al instante pondría a mi disposición más de doce batallones de ángeles?» (Mateo 26:52–53). Doce batallones de ángeles serían unos 72 000 ángeles. Esos son *muchos*, pero Jesús dijo que podía pedirle a Dios incluso más que eso, y todos ellos acudirían rápidamente a su ayuda.

¿Por qué no pidió Jesús ángeles? ¿Por qué se mantuvo a un lado mansamente y permitió que lo maltrataran? Porque vino a la tierra para hacer la voluntad del Padre y no la suya. Él dijo: «Pero, entonces, ¿cómo se cumplirían las Escrituras que dicen que así tiene que suceder?" (Mateo 26:54). Tener poder y ser capaz de refrenarlo requiere mansedumbre. La mansedumbre es una actitud que dice: «Esperaré en Dios y no me ocuparé yo mismo de las cosas».

> *La mansedumbre dice: «Esperaré en Dios y no me ocuparé yo mismo de las cosas».*

Vemos otro cuadro de la mansedumbre de Jesús en 1 Pedro 2:21, donde Pedro escribe acerca del ejemplo que Jesús estableció para nosotros mediante su sufrimiento. En este contexto, dice: «Cuando proferían insultos contra él, no replicaba con insultos; cuando padecía, no amenazaba, sino que se entregaba a aquel que juzga con justicia» (1 Pedro 2:23).

Jesús fácilmente pudo poner fin a la ofensa que estaba recibiendo, pero no lo hizo. Esperó y confió en su Padre. A mí me

> *Cuando seas maltratado, espera en que Dios te reivindique.*

resulta difícil no vengarme cuando alguien me insulta o me trata mal, ¿y a ti? Nuestro primer pensamiento puede ser: *Indudablemente, no somos llamados a dejar que las personas nos pisoteen*. Dios sin duda no quiere que seamos maltratados, pero cuando lo somos, quiere que esperemos que Él nos reivindique en lugar de vengarnos nosotros mismos. Pensemos en este pasaje de la Escritura:

> Porque es digno de elogio que, por sentido de responsabilidad delante de Dios, se soporten las penalidades, aun sufriendo injustamente. Pero ¿cómo pueden ustedes atribuirse mérito alguno si soportan que los maltraten por hacer el mal? En cambio, si sufren por hacer el bien, eso merece elogio delante de Dios. Para esto fueron llamados, porque Cristo sufrió por ustedes, dándoles ejemplo para que sigan sus pasos.
>
> 1 Pedro 2:19–21

Debo admitir que me resulta difícil que estos versículos me emocionen, pero tras muchos años de experiencia con Dios y de estudio de su Palabra, entiendo que las personas que se comportan como describe este pasaje no son débiles e incapaces. Son personas de gran fuerza y poder; sin embargo, se sujetan a sí mismos para no ejercerlo y, en cambio, esperan que Dios produzca justicia en sus vidas, como prometen estos versículos:

> No tomen venganza, hermanos míos, sino dejen el castigo en las manos de Dios, porque está escrito: «Mía es la venganza; yo pagaré», dice el Señor.
>
> Romanos 12:19

> Pues conocemos al que dijo: Mía es la venganza [retribución y el cumplimiento de toda justicia]; yo pagaré [daré la compensación], dice el Señor. Y también: el Señor juzgará y zanjará la causa y los casos de su pueblo.
>
> Hebreos 10:30 AMPC (Traducción libre)

Muchas veces, cuando no me trataron bien y sé que necesito esperar a que Dios me reivindique, acudo a estos versículos y dejo que me fortalezcan, que me capaciten para hacer la voluntad de Dios en lugar de la mía.

El poder de restringirnos puede que sea el mayor poder de todos. Si esperamos en Dios cuando somos maltratados, la venganza que Él dará será mucho más dulce que cualquier cosa que pudiéramos haber obtenido por nosotros mismos.

> *La restricción puede que sea el mayor poder de todos.*

Hay ocasiones en las que debemos hablar y no permitir que las personas se aprovechen de nosotros, pero deberíamos hacerlo solamente cuando sea para el bien de ellos y no para el nuestro. Los padres deben formar a sus hijos. Los empleados deben establecer normas para que sus empleados las sigan. Jesús, en una ira justa, volcó las mesas de los cambistas porque estaban contaminando el templo de Dios (Mateo 21:12–13). En este caso, su indignación se avivó debido a la falta de respeto que mostraban hacia la casa de su Padre, no porque Él intentara defenderse.

A menudo, cuando Jesús era acusado de hacer algo malo, no ofrecía ni una sola palabra en su propia defensa (Mateo 27:12). La Biblia relata que «como oveja, enmudeció ante su trasquilador; y ni siquiera abrió su boca» (Isaías 53:7). Sí, Jesús era manso, y debemos seguir su ejemplo. Aunque es difícil de entender, es cierto que mientras más mansas son las personas, más poderosas son.

¿Eres un trabajador o un heredero?

Los mansos heredarán la tierra; son herederos. Como contraste, quienes toman los asuntos en sus propias manos y no esperan en Dios son trabajadores. Se esfuerzan constantemente por obtener lo que quieren, y sus esfuerzos solamente terminan en frustración. Lo sé porque yo malgasté muchos años trabajando en lugar de heredando. Me frustraba al intentar hacer lo que solamente Dios podía hacer. Intenté cambiarme a mí misma y a otras personas. Intenté lograr que las personas me trataran del modo que yo pensaba que deberían. Intenté hacer crecer mi ministerio. Como digo con frecuencia: «Lo intenté y casi muero en el intento», pero eso no me hizo ningún bien.

> *Está contento con lo que tienes mientras esperas que Dios te dé más.*

Dios quiere que estemos contentos con lo que tenemos mientras esperamos que Él nos dé más: a su tiempo y a su manera. Las personas que son humildes son benditas porque están contentas. La bendición del contentamiento es demasiado extraordinaria para explicarla; simplemente hay que experimentarla. Pablo aprendió a «estar contento» (Filipenses 4:11–12), de modo que el contentamiento debe ser algo que *aprendemos*, no una cualidad que poseemos por naturaleza. Tristemente, creo que el único modo de aprender a estar contentos es intentando hacer por nosotros mismos que sucedan cosas y fracasar, estar frustrados, y estar cansados. Por fortuna, finalmente veremos la necedad de nuestros caminos y renunciaremos a ellos en favor de hacer las cosas a la manera de Dios.

Damos consejos a nuestros hijos y, sin embargo, a menudo deben descubrir por sí mismos que lo que les decíamos era lo correcto. Dios es igual con nosotros. Él nos ha dado su Palabra, y en ella encontramos enseñanza para la vida diaria, pero generalmente tenemos que descubrir por nosotros mismos y por el camino difícil que los caminos de Dios son verdaderamente caminos de bendición.

Dios nos da bendiciones que no podemos ganarnos o comprar con nuestras obras (esfuerzos carnales en nuestras propias fuerzas). Él nos da paz, gozo, profunda satisfacción, y una sensación de estar en paz con Él. Nos da la comprensión de que, apartados de Él, no podemos hacer nada (Juan 15:5), y aprendemos a pedir lo que queremos y necesitamos esperando en que Él nos lo dé si es su voluntad.

Una clave para pasar de donde estás a donde quieres estar

Recibir corrección es la senda hacia el crecimiento y el avance. Cuando queremos avanzar, pero estamos atascados donde estamos, normalmente se debe a que estamos haciendo algo que no deberíamos hacer, o *no* estamos haciendo algo que deberíamos hacer. No podemos corregir un problema si no sabemos que existe, de modo que Dios nos ayuda mostrándonos nuestras debilidades. Lo hace porque nos ama. Hebreos 12:5–6 dice:

Y ya han olvidado por completo las palabras de aliento que como a hijos se les dirigen:

«Hijo mío, no tomes a la ligera la disciplina del Señor ni te desanimes cuando te reprenda, porque el Señor disciplina a los que ama, y azota a todo el que recibe como hijo».

Recibir corrección es la senda hacia el crecimiento y el avance.

Dios mismo nos corrige si aceptamos su corrección; sin embargo, si no la aceptamos, intentará corregirnos por medio de otra persona. Nuestro hijo nos dijo en una ocasión a Dave y a mí que nunca lo habíamos corregido acerca de alguna cosa que el Señor no hubiera estado tratando con él antes de que nosotros lo mencionáramos.

No deberíamos considerar la corrección como algo negativo, sino positivo. Es «dirección correcta». Cuando necesitamos corrección, se debe a que las cosas en nuestras vidas no van bien y necesitamos seguir una dirección diferente. Cuando pedimos a Dios que nos ayude y Él lo hace mostrándonos el error de nuestros caminos, puede que lo resistamos porque no queremos pensar que estamos haciendo algo equivocado. Por lo general, no queremos tener que cambiar; solamente queremos que Dios haga que nuestros problemas desaparezcan por arte de magia.

Dios intenta atraer nuestra atención y ayudarnos con nuestros problemas, pero si eso no funciona, tocará nuestras circunstancias. Cuando nuestros hijos eran pequeños, yo siempre intentaba en primer lugar conversar con ellos para que se portaran bien, pero si continuaban en su mal comportamiento, tenía que disciplinarlos haciendo algo que afectaba a sus circunstancias. Perdían un privilegio o eran castigados de algún otro modo, pero yo lo hacía por su propio bien porque los amaba. A menudo, su corrección me hacía más daño a mí que a ellos. Como padres, amamos a nuestros hijos y no queremos verlos sufrir, pero puede que apliquemos temporalmente algo que no es agradable para ellos a fin de evitar que sigan haciendo algo que les hará sufrir permanentemente.

En la historia del Antiguo Testamento del profeta Jonás, Dios le dijo a Jonás qué tenía que hacer: «Anda, ve a la gran ciudad de Nínive y proclama contra ella que su maldad ha llegado hasta mi presencia» (Jonás 1:2). Pero Jonás se fue a Tarsis, una ciudad en la dirección opuesta a la que Dios le dijo que fuera (Jonás 1:3). Yo creo que él simplemente no quería ir y predicar al pueblo de Nínive porque sentía que no lo merecían. Cuando navegaba hacia Tarsis, el barco entró en una tormenta terrible. Cuando Jonás admitió ante las personas que iban a bordo del barco que él era el motivo de la tormenta (Jonás 1:8–10), ellos lo lanzaron por la borda (Jonás 1:15). En el mar, fue tragado por un gran pez que Dios había provisto para que lo rescatara (Jonás 1:17).

Desde el vientre del pez, Jonás clamó a Dios. Oró, se arrepintió de su desobediencia, y dijo que mantendría su promesa de obedecerlo (Jonás 2:1–9). Dios hizo que el pez lo escupiera sobre tierra seca (Jonás 2:10), pero estoy segura de que la experiencia fue totalmente horrible. Es una vergüenza que Dios tuviera que llegar hasta tales extremos para hacer que Jonás lo obedeciera, pero lo hizo. Jonás finalmente hizo lo que el Señor le había ordenado (Jonás 3:3), aunque le parecía equivocado (Jonás 4:1).

Algunas veces podemos ser como Jonás cuando Dios nos pide que hagamos algo que no creemos que es justo, pero la obediencia es siempre el mejor camino a seguir. Dios finalmente hará que su camino se cumpla, pero podemos hacer que sea más fácil o más difícil para nosotros mismos. A medida que creces en mansedumbre, verás que Dios toma situaciones que tú podrías considerar negativas y las convierte en bendiciones. Los mansos heredarán la tierra.

4. Bienaventurados los que tienen hambre y sed de justicia

> Benditos (felices, gozosos, prósperos espiritualmente, en ese estado en el que el hijo de Dios nacido de nuevo disfruta su favor y salvación) los que tienen hambre y sed de justicia, ¡porque ellos serán completamente saciados!
>
> Mateo 5:6 AMPC (Traducción libre)

En la Nueva Biblia Viva, este versículo dice: «¡Dichosos los que tienen hambre y sed de justicia, porque quedarán satisfechos!».

Todos hemos experimentado tener hambre o sed algunas veces. Cuando eso sucede, tenemos ganas de comida o bebida. Sentimos la necesidad de esas cosas para nuestra supervivencia. Esta bienaventuranza describe no solo un interés en la justicia (que significa tener una relación de paz con Dios). Debemos tener *hambre* y *sed* de ella: reconocer nuestra profunda necesidad espiritual de justicia. Salmos 42:1–2 nos da un cuadro de eso: «Cual ciervo jadeante en busca del agua, así te busca, oh Dios, todo mi ser. Tengo sed de Dios, del Dios de la vida. ¿Cuándo podré presentarme ante Dios?».

Cuando leemos Salmos 42:1–2, casi podemos sentir la desesperación del salmista por Dios. También nosotros tenemos hambre y sed de Él. Podemos tener en mente este versículo al pensar sobre tener hambre y sed de justicia.

Entender la justicia

Hay dos tipos de justicia, y necesitamos asegurarnos de buscar la que es piadosa, la única que funciona; de otro modo, no estaremos satisfechos. Pablo oraba para ser hallado en Cristo «no por tener mi propia justicia, que viene por la ley, sino por tener la justicia que es de Dios y que viene por la fe, la fe en Cristo» (Filipenses 3:9). Por este versículo vemos que hay dos tipos de justicia:

- La justicia que viene por obedecer la ley. Esto requeriría una obediencia perfecta a la ley, lo cual ninguna persona puede hacer.
- La justicia que nos es imputada (dada) por la fe en Cristo.

¿Cuál de las dos parece más fácil? Desde luego que la segunda es más fácil, pero tendemos a intentar obtener primeramente la justicia por ser buenos y hacer el bien; sin embargo, esto nunca funciona, solamente nos deja frustrados. Recuerdo decirle a Dios frecuentemente en ciertas situaciones que yo lo «intentaba» muy duro y no sabía qué más podía hacer. Quería desesperadamente ser y hacer todo lo que Dios quisiera de mí. Tenía hambre y sed de justicia, pero, como muchas personas, intentaba obtenerla de maneras que no funcionaban.

En tiempos del Antiguo Testamento, Dios entregó la ley, que establecía sus normas perfectas de justicia. Si alguien pudiera cumplir la ley en su totalidad, esa persona tendría paz con Dios, pero es imposible para nadie seguirla por completo. De hecho, Dios dio la ley para mostrarnos que *no podíamos* cumplirla, guiándonos así a confiar en el sacrificio expiatorio de Jesús para hacernos justos en Él (Romanos 3:20–25; Gálatas 3:19–27).

Bajo la ley del Antiguo Testamento se requerían sacrificios de animales regularmente. La sangre de esos sacrificios «cubría» el pecado del pueblo, pero nunca estaban libres de la culpabilidad de su pecado. El sistema sacrificial era como barrer y ocultar la suciedad bajo la alfombra. El pecado quedaba cubierto, pero las personas siempre sabían que seguía estando ahí.

El hecho de que nadie puede cumplir la ley por completo revela la necesidad que tiene la humanidad de un Salvador. Bajo el nuevo pacto, Jesús se sacrificó como pago por nuestros pecados. Su sangre no solo cubre el pecado, sino que también limpia nuestro pecado y quita la culpabilidad que causa el pecado. El sacrificio de Cristo debe recibirse por fe, y solamente por fe. No podemos ganarnos el regalo de la justicia y el perdón mediante buenas obras o por ningún otro medio. Segunda de Corintios 5:21 nos ayuda a entender esto:

> Al que no cometió pecado alguno, por nosotros Dios lo trató como pecador, para que en él recibiéramos la justicia de Dios.

¿Cuándo he hecho lo suficiente?

Nuestro ministerio hizo un sondeo en una ocasión para ver qué pregunta harían las personas a Dios si pudieran hacer solamente una. La pregunta número uno que querían hacer a Dios, por encima de todas las demás, era la siguiente: «¿Cómo puedo saber cuándo he hecho lo suficiente?». Esto es interesante. Como creyentes en Jesús, queremos agradarlo; este deseo es elogiable, y Dios se deleita en ello. Tener hambre y sed de justicia se refiere a la intensidad con la cual alguien desea vivir rectamente. En otras palabras, no es meramente una esperanza débil sino un deseo intenso de agradar a Dios, que es lo bastante fuerte para afectar nuestra conducta. Si queremos vivir de un modo piadoso con la fuerza suficiente, intentaremos hacer sacrificios o todo lo que sea necesario para lograrlo. Esto puede parecer noble, pero no es lo que Dios desea. Él no quiere nuestro esfuerzo; quiere nuestra fe. Quiere que confiemos en que Él hará en nosotros y por nosotros lo que no podemos hacer nosotros mismos, aunque lo intentemos.

Dios quiere tu fe, no tu esfuerzo.

En el momento en que una persona nace de nuevo, se convierte en nueva criatura en Cristo (2 Corintios 5:17). Jesús toma su pecado y le da su justicia. Segunda de Corintios 5:21 dice: «Al que no cometió pecado alguno, por nosotros Dios lo trató como pecador, para que en él recibiéramos la justicia de Dios». En otras palabras, somos hechos justos ante Dios no mediante nuestro esfuerzo sino mediante el sacrificio de Jesús.

Sin embargo, cuando Cristo vino al mundo se entregó a

sí mismo, y «con un solo sacrificio ha hecho perfectos para siempre a los que está santificando» (Hebreos 10:14). Estar en paz con Dios es su regalo para nosotros cuando nacemos de nuevo, y envía su Espíritu Santo para hacer que obre eso en nuestras vidas a medida que crecemos en Él.

Dios nunca espera de nosotros que produzcamos algo a menos que primeramente Él nos lo dé. Debido a que Él nos hace justos, podemos comportarnos como Él quisiera que lo hagamos. Debido a que Él nos hace santos, podemos crecer en santidad. Debido a que Él nos perdona, podemos perdonar a otros. Y debido a que Él es misericordioso con nosotros, podemos mostrar misericordia a otros.

Debemos entender quiénes somos en Cristo, comprender lo que Él nos ha dado, y recibirlo por la fe antes de poder hacer lo que Él quiere que hagamos. En la economía de Dios, primeramente creemos y después vemos. Eso es la fe. «La fe es la garantía de lo que se espera, la certeza de lo que no se ve» (Hebreos 11:1).

Las fuentes difieren con respecto a cuántas promesas incluye la Palabra de Dios, pero hasta donde puedo decir, hay entre cinco mil y siete mil promesas en la Biblia. A fin de recibir cada una de ellas como una realidad en nuestras vidas, primero debemos creer por la fe (sin ver) que verdaderamente son nuestras.

Por lo tanto, la respuesta a la pregunta «¿cuándo he hecho lo suficiente?» es esta: has hecho lo suficiente cuando crees sinceramente.

CAPÍTULO 19

La quinta y sexta bienaventuranzas

Siempre he descubierto que la misericordia da frutos más abundantes que la justicia estricta.

Abraham Lincoln[38]

Espero que estés comenzando a ver las grandes bendiciones que están a nuestra disposición en Cristo. Las Bienaventuranzas prometen muchas cosas buenas y deseables a medida que vivimos según las enseñanzas de Jesús. En este capítulo veremos otras dos cualidades más que cultivaremos en nuestras vidas si queremos recibir bendición: misericordia y pureza de corazón.

5. Bienaventurados los misericordiosos

> Benditos (felices, gozosos, prósperos espiritualmente, con gozo en la vida y satisfacción en el favor y la salvación de Dios, a pesar de sus condiciones externas) los misericordiosos, ¡porque ellos obtendrán misericordia!
>
> Mateo 5:7 AMPC (Traducción libre)

Todos necesitamos mucha misericordia porque todos cometemos muchos errores. La mejor manera de recibir misericordia es darla generosamente. En primer lugar, recibimos misericordia de Dios y después Él espera de nosotros que dejemos que fluya a otros a través de nuestras vidas. La misericordia no se puede merecer o ganar; es un regalo para quienes no la merecen. Lamentaciones 3:22-23 nos dice que las misericordias de Dios «son nuevas cada mañana». Yo estoy muy agradecida por eso, y estoy segura de que tú también lo estás.

Mateo 9:10–13 relata la historia de una cena que tuvo lugar en la casa de Mateo. Jesús y sus discípulos estaban comiendo allí, junto con «muchos recaudadores de impuestos y pecadores» (v. 10). Veamos lo que sucedió:

> Cuando los fariseos vieron esto, les preguntaron a sus discípulos: ¿Por qué come su maestro con recaudadores de impuestos y con pecadores? Al oír esto, Jesús les contestó: —No son los sanos los que necesitan médico, sino los enfermos. Pero vayan y aprendan qué significa esto: «Lo que pido de ustedes es misericordia y no sacrificios". Porque no he venido a llamar a justos, sino a pecadores».
>
> Mateo 9:11–13

Jesús vino para darnos misericordia, no para requerir sacrificios, y quiere que ofrezcamos misericordia a otros y no requiramos sacrificios de ellos. La misericordia es hermosa, pues quita al instante la presión de las personas que puede que piensen erróneamente que Dios requiere ciertas conductas de ellos, pero no saben cómo demostrar lo que creen que Él quiere.

Jesús quiere que ofrezcas misericordia a otros, no que requieras sacrificios de ellos.

Busqué en el internet haciendo esta pregunta: «¿Cuál es el significado bíblico de misericordia?». Y la respuesta que encontré fue una palabra: *perdón*. La información que encontré seguía diciendo: «La misericordia aparece en la Biblia en relación con el perdón o retener el castigo».

El concepto bíblico de misericordia va más allá del perdón y de retener el castigo. Por ejemplo, Dios muestra su misericordia hacia quienes sufren, pero mediante la sanidad y el consuelo, quien sufre puede sentirse aliviado. En los idiomas originales de la Biblia hay al menos cuatro palabras para la palabra *misericordia.*[39] Resumido en términos sencillos, la palabra hebrea *chesed* (Strong's #2617) significa «amor constante, bondad, ternura», y *racham* (Strong's #7355), utilizada en el contexto de «tener misericordia» significa «mostrar compasión, lástima, amor». En griego, *eleos* (Strong's #1656) significa «una expresión de lástima», y *eleeo* (Strong's #1653), usada en el contexto de «tener misericordia» significa «deseo activo de eliminar la angustia».

He leído que misericordia es bondad en exceso de lo que podría esperarse o demandarse por la justicia. La misericordia no solamente hace lo que es justo. La misericordia es extravagante; sobrepasa toda razón.

La misericordia está muy relacionada con la compasión, y siempre me asombra el hecho de que Jesús «tuvo compasión» (Mateo 9:36; 14:14; Marcos 1:41). No solamente sentía lástima por las personas que sufrían; siempre hacía algo para ayudarles. Es maravilloso saber que Dios nos ayudará cuando no lo merecemos y que nos capacita para ayudar a otros que no lo merecen.

Muestra misericordia a quienes te tratan injustamente o cometen errores.

Cuando las personas nos tratan injustamente o cometen errores, Dios quiere que tengamos misericordia, no que intentemos hacerles pagar por sus ofensas. La venganza es parte de nuestra vieja naturaleza, pero nuestra nueva naturaleza es la de Cristo mismo. Él dice: «Lo que ustedes recibieron gratis, denlo gratuitamente» (Mateo 10:8).

Cosechamos lo que sembramos

La Biblia nos advierte:

> No se engañen. Dios no puede ser burlado. Todo lo que el hombre siembre, eso también cosechará. El que siembra para sí mismo, de sí mismo cosechará corrupción; pero el que siembra para el Espíritu, del Espíritu cosechará vida eterna. No nos cansemos, pues, de hacer el bien; porque a su tiempo cosecharemos, si no nos desanimamos.
>
> Gálatas 6:7–9 RVC

El hecho de que las personas cosechan lo que siembran es una ley de la naturaleza y una ley de Dios. Podemos entender fácilmente este principio al pensar en la jardinería o la agricultura. Si un granjero siembra semillas de tomate, no obtendrá calabaza. Si siembra semillas que están podridas, no cosechará un fruto sano. Esta es una ley natural que Dios puso en movimiento desde el inicio del tiempo. Mientras la tierra permanezca, habrá tiempo de siega y tiempo de cosecha (Génesis 8:22).

Antes de recordarnos que cosechamos lo que sembramos, Gálatas 6:7 nos dice que no seamos engañados y pensemos que no sucederá. Sembrar y cosechar no puede evitarse. Si queremos o necesitamos más de algo, lo único que tenemos que hacer es sembrarlo. Incluso un poco de semilla puede producir una cosecha gigantesca.

Jesús relata una breve parábola en Mateo 13:31–32:

> «El reino de los cielos es como un grano de mostaza que un hombre sembró en su campo. Aunque es la más pequeña de todas las semillas, cuando crece es la más grande de las hortalizas y se convierte en árbol, de modo que vienen las aves y anidan en sus ramas».

Esto nos enseña que quienes escuchan la Palabra de Dios y la siguen cosecharán el reino de los cielos. La bendición sobrepasa por mucho al sacrificio de la semilla.

No deberíamos sembrar lo que no queremos cosechar. Jesús dice: «No juzguen, y no se les juzgará. No condenen, y no se les condenará» (Lucas 6:37). Sigue diciendo en este pasaje para recordarnos una vez más, esta vez en un sentido positivo, que cosechamos lo que sembramos: «Perdonen, y se les perdonará. Den, y se les dará: se les echará en el regazo una medida llena, apretada, sacudida y desbordante. Porque con la medida que midan a otros, se les medirá a ustedes» (Lucas 6:37–38).

No siembres lo que no quieres cosechar.

La bendición de interesarnos por otros

En la Biblia The Message (en inglés), Mateo 5:7 expresa que somos bendecidos cuando nos interesamos. En el momento de hacerlo, vemos que somos cuidados.

He descubierto que una de las mejores cosas que podemos hacer en la vida es ayudar a otras

Ayuda a otros, no solo a quienes lo merecen sino a quienes no lo merecen.

personas e interesarnos por ellas; no solo a quienes merecen ayuda, sino quizá especialmente a quienes no la merecen.

El egoísmo conduce a la infelicidad, y las personas egoístas no se preocupan por nadie excepto por sí mismas. Si se interesan por otras personas, no lo hacen tanto como se interesan por sí mismas.

La misericordia no solo mira lo que ha hecho la persona, sino que también toma tiempo para ver por qué lo hizo. Yo me comporté mal en los primeros años de mi vida debido al abuso sexual, emocional y mental durante mi niñez. Las personas solamente veían mi conducta, pero Dios veía *la razón* que había detrás de lo que yo hacía. Una persona dura de corazón lidia solamente con los hechos, pero la misericordia ve el corazón de la persona.

La misericordia ve el corazón de la persona.

Una persona misericordiosa se ha enfrentado cara a cara con su propia maldad a la vista de Dios. Sabe que, sin su misericordia, sería consumida (Lamentaciones 3:22-23), de modo que le resulta fácil mostrar misericordia a otros. Está contenta al dar misericordia porque sabe que, probablemente, antes de que termine ese día necesitará misericordia.

Yo pasé muchos años siendo totalmente egoísta, y me sentía infeliz todo el tiempo. Cuando Dios me hizo ser consciente de cuán egoísta era y comenzó a enseñarme el poder de interesarme por los demás, mi vida cambió drásticamente para mejor. Descubrí personalmente cuán feliz me hacía interesarme por otros, y creo que tú también descubrirás que te hace feliz. Algunas personas tienen el don de misericordia, lo cual significa que ser misericordiosos les resulta fácil de modo natural; sin embargo, algunos de nosotros no tenemos ese don y tenemos que desarrollar el hábito de mostrar misericordia, recordando que Dios nos da misericordia todo el tiempo.

Santiago 2:13 dice: «La compasión prevalece sobre el juicio». Yo prefiero ser culpable de ser demasiado misericordiosa y compasiva que de ser demasiado crítica. Pablo nos enseña en Colosenses 3:12 que nos «revistamos» de misericordia. Igual que escogemos y nos ponemos nuestra ropa, podemos escoger y ponernos «afecto entrañable y de bondad, humildad, amabilidad y paciencia».

Yo prefiero ser culpable de ser demasiado misericordiosa que de ser demasiado crítica.

Confrontamos muchas situaciones en las que necesitamos tomar decisiones, y deberíamos buscar tomar las decisiones que Jesús tomaría. Él siempre ayudaba a las personas que acudían a Él; tomaba tiempo para ellas, sin importar lo que estuviera haciendo o hacia dónde se dirigiera. Debemos asegurarnos de no actuar como el sacerdote y el levita en la historia del buen samaritano, que pasaron cerca de un hombre que había sido golpeado y robado, y estaba en el camino sangrando (Lucas 10:30–32). Necesitaba ayuda, y aunque esos dos hombres eran religiosos, pasaron por el otro lado del camino y lo dejaron sin ayudarlo. Creo que este pasaje de la Escritura indica que cruzaron al otro lado del camino a propósito, y creo que lo hicieron porque no querían ver al hombre. Quizá tal vez iban apresurados a la sinagoga y, en ese caso, eso haría que la tragedia fuera peor.

¿Somos nosotros culpables de ser como el sacerdote y el levita algunas veces? ¿Encontramos maneras de cerrar

> *No puedes amar si vas apresurado.*

nuestros ojos al dolor que nos rodea para así no sentirnos culpables por no mostrar misericordia u ofrecernos para ayudar a las personas? Es muy fácil poner la excusa de que estamos demasiado ocupados; sin embargo, si ayudar a otros es parte de nuestro propósito de estar vivos y estamos demasiado ocupados para hacerlo, puede que estemos perdiendo mucho más de lo que pensamos. Ayudar a otros siempre deposita una bendición en nuestra vida. Parece que la mayoría de nosotros siempre vamos apresurados, pero leí recientemente en algún lugar que no podemos amar si vamos apresurados. Esto se debe a que, cuando vamos con prisa, a menudo ni siquiera vemos las necesidades que tenemos delante; y, si las vemos, tenemos demasiada prisa para detenernos y ayudar. Todos necesitamos aprender a ralentizar el paso.

Al pensar en ser misericordiosos y buscar oportunidades de mostrar misericordia a otros, recordemos Proverbios 3:3–4: «No te apartes de la misericordia y la verdad; átalas alrededor de tu cuello, escríbelas en la tabla de tu corazón. Así contarás con el favor de Dios, y con una buena opinión ante los hombres (RVC). Recordemos también que una persona misericordiosa «se beneficia a sí mismo» (Proverbios 11:17). No te pierdas la bendición de dar y mostrar misericordia.

6. Bienaventurados los de limpio corazón

Benditos (felices, gozosos, prósperos espiritualmente, con gozo en la vida y satisfacción en el favor y la

salvación de Dios, a pesar de sus condiciones externas)
los puros de corazón, ¡porque ellos verán a Dios!
Mateo 5:8 AMPC (Traducción libre)

Los puros de corazón tienen la bendición de ver a Dios. Esto no significa que ven a Dios con los ojos naturales, porque según 1 Juan 4:12: «Nadie ha visto jamás a Dios». Significa que ven a Dios obrando en sus vidas y tienen una relación cercana con Él que les otorga un privilegio de ser guiados fácilmente por su Espíritu y escucharlo. También significa que los puros de corazón verán a Dios en el cielo.

Creo también que los de limpio corazón poseen una fe pura en Dios. Saben que Él está a su lado, y ponen su confianza en Él. Caminan en obediencia a sus mandamientos por la fe, creyendo que poseerán las bendiciones unidas a la obediencia.

Matthew Henry dice en su comentario que Mateo 5:8 es «la más amplia de todas las Bienaventuranzas; aquí, santidad y felicidad se describen plenamente y se juntan».[40] Sigue diciendo: «Aquí está el carácter más amplio de los benditos; son *puros de corazón*... El verdadero cristianismo está en el corazón, en la pureza del corazón».[41]

Puede que te preguntes: *¿Qué significa ser «puro de corazón»?* El Nuevo Testamento fue escrito originalmente en griego, de modo que nos ayuda entender lo que significan *puro* y *corazón* en el idioma original en el que se relató el Sermón del Monte.

La palabra griega utilizada para *puro* en Mateo 5:8 es *katharos*. Esta palabra significa «limpio, puro». Físicamente, incluye: «purificado por fuego» y «como una vid limpiada por la poda, y, por lo tanto, adecuada para dar fruto». Éticamente, su significado incluye «libre de deseo corrupto, de pecado y culpabilidad; sin tacha, inocente» y «sin mancha de culpabilidad por algo».[42]

La palabra griega para *corazón* en Mateo 5:8 es *kardia*. Esta palabra se refiere al «órgano físico del cuerpo» y «al asiento de la vida personal de alguien (tanto física como espiritual)». Es también «el asiento de los sentimientos, deseos, gozo, dolor y amor. Es también el centro del pensamiento, la comprensión y la voluntad».[43] Un modo en que yo describo el corazón es decir que es el núcleo de nuestro ser, la esencia de quiénes somos. Basándome en las definiciones de *puro* y *corazón*, creo que podríamos decir que ser puro de corazón significaría ser limpio, intachable y sin mancha de culpabilidad en el núcleo de nuestro ser

Una de las fuentes que consulté acerca del significado de ser puro de corazón dice: «Ser puro de corazón implica tener integridad de corazón hacia Dios. Un corazón puro no tiene hipocresía, astucia, ni motivos ocultos. El corazón puro está marcado por la transparencia y un firme deseo de agradar a Dios en todas las cosas. Es algo más que una pureza de conducta *externa*; es una pureza *interna* del alma».[44]

Tú y yo no podemos hacer que nuestros propios corazones sean puros, limpios. Somos purificados y hechos justos delante de Dios mediante la obra de Cristo por nosotros. Su sacrificio en la cruz hace que la limpieza y la pureza sean posibles para nosotros. Lo único que debemos hacer es recibirlo por la fe.

Cuando pienso en ser puro de corazón, un pasaje que viene a mi mente es Salmos 51. El trasfondo de este salmo es que David había cometido adulterio con Betsabé y después hizo que mataran a su esposo. Estoy segura de que se sintió culpable y sucio debido a todo esto, y le dijo a Dios:

> Ten compasión de mí, oh Dios, conforme a tu gran amor, conforme a tu inmensa bondad, borra mis transgresiones. Lávame de toda mi maldad y límpiame de mi pecado...Aparta tu rostro de mis pecados y borra toda mi maldad. Crea en mí, oh Dios, un corazón limpio, y renueva la firmeza de mi espíritu.
>
> Salmos 51:1–2, 9–10

Cuando confiesas tus pecados, Dios te perdona y te ve puro delante de Él.

Diré otra vez que no podemos hacernos puros de corazón a nosotros mismos; sin embargo, cuando confesamos nuestro pecado y pedimos perdón, Dios es fiel y limpiará nuestros corazones, y entonces nos verá puros delante de Él.

Puro de corazón y poderoso

Dios busca personas que sean puras de corazón (Mateo 5:8). Una persona que tiene un corazón limpio, que sirve a Dios con sinceridad, es verdaderamente poderosa. En Salmos 51:6 David nos enseña que tener un corazón puro significa tener verdad «en lo íntimo», que es lo que realmente somos en lo profundo de nuestro corazón. Tener un corazón puro comienza con prestar atención a nuestros pensamientos, porque de nuestros pensamientos salen nuestras palabras, nuestras emociones, nuestras actitudes, y nuestros motivos.

Me tomó mucho tiempo entender que Dios no bendecirá acciones que se hagan por motivos equivocados o por un corazón impuro.

La pureza de corazón no es una característica natural; en la mayoría de nosotros es algo en lo que debemos trabajar. Primera de Tesalonicenses 4:3 nos enseña que deseemos y trabajemos hacia la pureza de corazón porque es la voluntad de Dios. Eso es un reto que todo creyente debería alegrarse de aceptar, pero no tenemos que enfrentarlo solos. Dios nos ha creado para que seamos dependientes de Él, para que llevemos a Él nuestros retos y le permitamos que nos ayude con ellos. Solamente Él conoce lo que hay en nuestros corazones, y es un experto en eliminar las cosas indignas de nosotros a la vez que retiene lo valioso.

> *La pureza de corazón no es una característica natural, sino algo en lo que debes trabajar.*

Hay un precio que pagar para tener un corazón puro, pero también hay una recompensa. No tenemos que tener temor a hacer el compromiso de permitir a Dios hacer una obra profunda de purificación en nosotros. Tal vez no siempre nos sintamos cómodos acerca de la verdad que Él saque a la luz, pero si hacemos nuestra parte (lo enfrentamos, lo aceptamos, y permitimos que nos cambie), Él se asegurará de que seamos bendecidos.

Motivos

Nuestros motivos se refieren al *porqué* hacemos *lo que* hacemos. Jesús dice que, si hacemos buenas obras para que otras personas las vean, perdemos nuestra recompensa (Mateo

6:1). Nunca deberíamos hacer buenas obras para conseguir nada para nosotros mismos. Nuestro motivo para las buenas obras que hacemos debería ser obedecer a Dios porque lo amamos y porque queremos ser una bendición para otros. Cualquier obra que hagamos y que no sea pura será quemada el día del juicio, y perderemos la recompensa que habríamos obtenido como resultado de la obra si hubiera sido pura (1 Corintios 3:12–15). Te aliento a que pidas frecuentemente a Dios que purifique tu corazón, porque la persona que tiene un corazón puro está entre las más felices de la tierra.

CAPÍTULO 20

La séptima y octava bienaventuranzas

No es suficiente con hablar de la paz. Se debe creer en ella. Y no es suficiente con creer en ella. Se debe trabajar en ella.

Eleanor Roosevelt[45]

Confío en que estés creciendo espiritualmente y avanzando hacia mayores bendiciones en tu vida a medida que estudias las lecciones que Jesús enseña en las Bienaventuranzas. En este capítulo veremos las dos últimas Bienaventuranzas y aprenderemos sobre la paz y cómo mantenernos fuertes y recibir las bendiciones que llegan cuando somos perseguidos por nuestra fe.

7. Bienaventurados los pacificadores

> Benditos (felices, gozosos, prósperos espiritualmente, con gozo en la vida y satisfacción en el favor y la salvación de Dios, a pesar de sus condiciones externas) los que trabajan por la paz y la mantienen, ¡porque ellos serán llamados hijos de Dios!
>
> Mateo 5:9 AMP (Traducción libre)

Podemos orar por la paz y desear la paz, pero no tendremos paz hasta que aprendamos a trabajar por la paz y mantenerla. Ser un pacificador requiere madurez espiritual. Las personas que son espiritualmente maduras podrían definirse como quienes ya no actúan basados en cómo se sienten, lo que piensan o lo que quieren, sino que son obedientes a la Palabra de Dios de todas las maneras posibles. Jesús dice en Mateo 5:9 que quienes trabajan por la paz y la mantienen serán llamados

Ser un pacificador requiere madurez espiritual.

«hijos de Dios». Nosotros somos los hijos de Dios, pero quienes son hijos e hijas son personas maduras. Han crecido espiritualmente hasta el grado en que se comportan como Dios, su Padre.

La Biblia se refiere a los inmaduros como carnales o gobernados por la carne (Romanos 8:6–7; 1 Corintios 3:3). Satanás puede fácilmente robar la paz a cualquiera que ande en la carne, siguiendo los impulsos de la naturaleza humana. Será difícil, si no imposible, para esa persona ser un pacificador porque hacerlo requiere humildad, y la humildad es un fruto del Espíritu en la vida de quienes son maduros espiritualmente (Gálatas 5:22–23).

La humildad es un fruto del Espíritu.

Igual que un bebé madura y es un niño y después un adulto, los cristianos comenzamos como bebés y vamos creciendo hasta ser hijos de Dios. Leamos lo que escribe Pablo en 1 Corintios 3:1–3:

> Yo, hermanos, no pude dirigirme a ustedes como a espirituales, sino como a inmaduros, apenas niños en Cristo. Les di leche porque no podían asimilar alimento sólido, ni pueden todavía, pues aún son inmaduros. Mientras haya entre ustedes celos y contiendas, ¿no serán inmaduros? ¿Acaso no se están comportando según criterios meramente humanos?

Pablo se dirige a sus lectores como «apenas niños» porque no pueden llevarse bien entre ellos. No hay paz porque no son lo bastante maduros para ser pacificadores. Los pacificadores son poderosos. Yo digo con frecuencia: «Donde no hay paz, no hay poder. Pero, cuando conocemos la paz, conocemos el poder».

Cualquiera puede estar enojado. Lo único que necesita es seguir sus sentimientos, y en cuanto se sienta ofendido o no se salga con la suya, estallará su enojo. El enojo no produce la justicia que Dios desea (Santiago 1:20). Los creyentes maduros espiritualmente quieren vivir para agradar a Dios; y, a pesar de cuán difícil sea, se comportarán de modo piadoso y serán quienes darán el primer paso para establecer la paz. ¿Estás dispuesto a ser el primero en decir «lo siento»? ¿Estás dispuesto a ceder a tu «derecho» a tener la razón? ¿Estás dispuesto a no tener la última palabra en un desacuerdo? ¿Serás quien da el paso y dice: «Solucionemos esto y tengamos paz entre nosotros»? Estas son preguntas importantes a plantear en el camino hacia la madurez espiritual.

Antes de que Jesús ascendiera al cielo tras su tiempo en la tierra, dijo: «La paz les dejo; mi paz les doy» (Juan 14:27). Entonces siguió diciendo en el mismo versículo: «No se angustien ni se acobarden». En la versión Amplified Bible, Classic Edition (en inglés) dice: «Dejen de permitirse estar agitados y angustiados» (traducción libre).

El apóstol Pablo nos insta en 2 Timoteo 2:23: «No tengas nada que ver con discusiones necias y sin sentido, pues ya sabes que terminan en pleitos». Este es un gran consejo. En la versión Amplified Bible, Classic Edition, este versículo añade: «Pero niégate (cierra tu mente en contra, no tengas nada que ver) a tener (poco edificantes y estúpidas) controversias por cuestionamientos ignorantes, pues sabes que fomentan la pelea y engendran pleitos» (traducción libre). No se puede decir con más claridad.

Muchas de las cosas por las que discutimos son triviales. Cuando pienso en los cincuenta y cinco años que llevamos casados Dave y yo, al escribir este libro, recuerdo con tristeza discutir por muchas cosas triviales. En los primeros años de nuestro matrimonio no conocíamos el valor y el poder de la paz como los conocemos ahora.

Conoce la paz, conoce el poder

En el libro de Hechos, vemos a la iglesia primitiva operando en un poder que en raras ocasiones experimentamos hoy día, pero ellos también vivían y trabajaban en unidad (Hechos 4:32). Compartían todas las cosas unos con otros y vivían en paz. Tenían problemas, como los tiene todo el mundo, pero ellos los confrontaban y los solucionaban.

En una ocasión, se produjo una discusión con respecto a alimentar a las viudas. Los judíos helenistas (judíos que habían adoptado la cultura y el idioma griegos) pensaban que las viudas en su grupo no estaban recibiendo una parte justa, de modo que se quejaron a los judíos hebraicos (que hablaban hebreo), como vemos en Hechos 6:1. Los doce apóstoles nombraron a siete hombres para que se ocuparan de la tarea de la distribución de alimentos (Hechos 6:2-3). Uno de esos hombres era Esteban. Según Hechos 6:8, él estaba lleno de poder y de la gracia de Dios, y hacía grandes señales y prodigios entre el pueblo; sin embargo, miembros de la sinagoga comenzaron a discutir con Esteban, pero Dios le dio tal sabiduría que ellos no podían hacerle frente (Hechos 6:9–10).

Dave y yo aprendimos temprano en nuestro ministerio

que, si queríamos el poder de Dios, teníamos que mantener las peleas fuera del ministerio y fuera de nuestro hogar, y trabajamos con diligencia para hacerlo. Si quieres ser un pacificador, necesitarás buscar la paz con anhelo y hacer que sea una de las máximas prioridades en tu vida.

El secreto para tener paz

> *Antes de poder tener paz con otros, debes estar en paz con Dios y contigo mismo.*

Muchas personas no son conscientes de que hay un secreto con respecto a tener paz con los demás. El secreto es que, antes de que podamos tener paz con las personas, debemos estar en paz con Dios y en paz con nosotros mismos. Primera de Pedro 3:10–11 (NTV) dice:

> Si quieres disfrutar de la vida y ver muchos días felices, refrena tu lengua de hablar el mal y tus labios de decir mentiras. Apártate del mal y haz el bien. Busca la paz y esfuérzate por mantenerla.

Paz con Dios

La paz con Dios se mantiene al no tener ningún pecado oculto (pecado del que no nos hemos arrepentido) en nuestra vida. Dios quiere que seamos veraces en lo más íntimo de nuestro ser (Salmos 51:6). Indudablemente, Él ya sabe todo lo que hemos hecho, pero necesitamos sacarlo a la luz y exponerlo. Necesitamos hablar con

> *Debes caminar en obediencia a los mandamientos de Dios.*

Dios con respecto a eso, arrepentirnos, y recibir su perdón (1 Juan 1:9).

También necesitamos caminar en obediencia los mandamientos de Dios porque, si no lo hacemos, tendremos una conciencia culpable y perderemos nuestra paz con Dios. El salmista escribe en Salmos 66:18: «Si en mi corazón hubiera yo abrigado maldad, el Señor no me habría escuchado». El pecado oculto no solo afecta a nuestra paz, sino que también obstaculiza nuestras oraciones: «Quien encubre su pecado jamás prospera; quien lo confiesa y lo deja halla perdón» (Proverbios 28:13).

Una de las primeras cosas que yo hago cada día es pedir a Dios que me perdone cualquier pecado que haya cometido en palabra, pensamiento u obra. Lo hago porque quiero comenzar cada día en paz con Dios. Si hago algo equivocado y soy consciente de ello, no quiero esperar para arrepentirme. Lo hago enseguida, pero también comienzo mi día con arrepentimiento y gratitud por todo lo que Dios es y lo que hace por nosotros.

Paz con nosotros mismos

Podemos tener paz con nosotros mismos recibiendo el perdón que Dios nos ofrece gratuitamente. También debemos aceptarnos a nosotros mismos y no estar buscando continuamente algo que no nos gusta de nosotros. Dios nos creó detalladamente con sus propias manos en el vientre de nuestra madre (Salmos 139:13), y no somos un error. Que no te guste cómo eres es equivalente a decirle a Dios que hizo un mal trabajo cuando te creó. Tú eres único y no debes ser como otra persona, de modo que sé diligente en resistir la tentación de compararte con otras personas.

Amarte a ti mismo es recibir el amor de Dios, que Él nos da gratuitamente.

Todos hacemos cosas que no nos gustan, pero deberíamos amarnos a nosotros mismos porque Dios nos ama. Amarnos a nosotros mismos es simplemente recibir el amor de Dios, que Él nos da gratuitamente. Todos hemos pecado y estamos privados de la gloria de Dios (Romanos 3:23), pero también somos justificados gratuitamente por su gracia (Romanos 3:24). Recibe su perdón, misericordia y justificación, y está en paz contigo mismo.

Nunca estaremos totalmente libres de pecado mientras vivamos en nuestro cuerpo de carne y hueso. Podemos y deberíamos mejorar y pecar cada vez menos a medida que nos acercamos más a Dios, pero no alcanzaremos la perfección hasta que el Perfecto, Jesús, venga para llevarnos a nuestro hogar en el cielo.

Yo estuve en guerra conmigo misma durante muchos años, y no pude amar a ninguna otra persona hasta que aprendí a amarme a mí misma, no de un modo egoísta y centrado en mí sino de un modo balanceado y piadoso. Si no tienes amor en tu interior, entonces no puedes darlo. Te insto a que alcances la paz contigo mismo. Si pudiera darle algún consejo a mi yo más joven, le diría que se aceptara a sí misma mucho antes de lo que lo hizo. Solamente Dios puede cambiarnos, y lo hace poco a poco. No tiene ningún caso aborrecernos a nosotros mismos mientras Dios nos está cambiando.

Me gustaría ser más amable y más paciente. Me gustaría ser más creativa y poder leer con más rapidez de la que lo hago. Si pudiera cambiarme a mí misma ajustaría muchas cosas, pero no puedo hacerlo y, gracias a Dios, finalmente dejé de intentarlo. He aprendido a disfrutar de mí misma y entender que todo ser humano tiene debilidades y fortalezas. Me enfoco en mis fortalezas y oro por mis debilidades.

Enfócate en tus fortalezas y ora por tus debilidades.

Cuando tengas paz con Dios y paz contigo mismo, serás capaz de tener paz con otras personas. Aun así, necesitarás hacer un esfuerzo para lograrlo, pero vale la pena porque Dios bendice a los pacificadores.

8. Bienaventurados los que padecen persecución por causa de la justicia

> Benditos, felices, gozosos, y prósperos espiritualmente (en el estado en que el hijo de Dios nacido de nuevo disfruta y encuentra satisfacción en el favor y la salvación de Dios, a pesar de sus condiciones externas) los que son perseguidos por causa de la justicia (por hacer el bien), ¡porque de ellos es el reino de los cielos! Benditos (felices, a envidiar, y prósperos espiritualmente, con gozo en la vida y satisfacción en el favor y la salvación de Dios, a pesar de sus condiciones externas) son ustedes cuando la gente los insulte, los persiga, y diga toda clase de maldades contra ustedes falsamente por mi causa. Alégrense y gócense, porque su recompensa en los cielos es grande (fuerte e intensa), pues así persiguieron a los profetas que vivieron antes que ustedes.
>
> Mateo 5:10–12 AMPC (Traducción libre)

La enseñanza de Jesús en Mateo 5:10–12 es tal vez una de las más difíciles de entender. ¿Cómo podemos considerarnos benditos cuando estamos siendo perseguidos por hacer lo correcto? Compartimos los sufrimientos de Cristo cuando lo hacemos porque Él fue perseguido por hacer lo correcto. Su recompensa llegó, y la nuestra también llegará.

Yo asistí a la iglesia por muchos años y era una cristiana nominal. No estaba comprometida seriamente ni tampoco rendida plenamente al Señor, pero tenía muchos amigos. En 1976 Dios tocó mi vida de un modo profundo, y me cambió para siempre. Después de aquella experiencia, me puse sería con respecto a mi relación con Él y respondí al llamado al ministerio que Él puso en mi vida: enseñar su Palabra. En aquel momento perdí amigos y murmuraron sobre mí, me juzgaron, me criticaron, e incluso me pidieron que me fuera de mi iglesia. Personas que yo pensaba que eran buenos amigos me abandonaron, diciéndome que estaba equivocada al seguir el llamado de Dios. Aquella fue mi primera gran prueba como cristiana con mi ser prendido para Dios.

Estaba confusa por el modo en que me trataba la gente porque sentía que estaba siguiendo a Dios. Todavía no había aprendido que obedecerlo a Él frecuentemente conlleva cierto sufrimiento, que puede ser el modo que tiene el diablo de intentar detenernos para que no avancemos el reino de Dios. La experiencia que estoy compartiendo fue extremadamente difícil para mí. Estoy agradecida por la gracia de Dios, que me ayudó a no hacer lo que los demás querían que hiciera para mantener su amistad, y me capacitó para no abandonar.

A menudo, familiares u otras personas nos rechazarán

si nos rendimos totalmente a Dios porque, cuando lo hacemos, tal vez no podamos hacer todo lo que antes hacíamos. Podríamos tener que decir no a una película que ellos quieren ver, o rechazar una fiesta donde sabemos que habrá drogas y mucho alcohol. Nuestros intereses cambiarán, y podríamos preferir asistir a una conferencia sobre la Biblia en lugar de ir un fin de semana a Las Vegas. Las personas cercanas a nosotros puede que sientan convicción debido a nuestra decisión de obedecer a Dios, y para evitar cómo se sienten nos critican.

Si nos mantenemos tibios y no nos rendimos plenamente a Dios, el diablo nos dejará tranquilos; sin embargo, cuando comenzamos a ponernos serios en nuestra relación con Dios, intenta detenernos. En una ocasión escuché que deberíamos preocuparnos más si el diablo nos está dejando tranquilos que si nos está atacando.

Preocúpate si el diablo te está dejando tranquilo, no cuando te está atacando.

Somos bienaventurados cuando sufrimos

La idea de que somos bienaventurados cuando sufrimos puede parecer extraña. El apóstol Pedro escribe que no deberíamos sorprendernos cuando lleguen a nuestras vidas experiencias difíciles para probarnos (1 Pedro 4:12). Nunca sabremos verdaderamente cuán fuerte es nuestra fe hasta que llegue alguna dificultad para probarla. Pedro dice que deberíamos gozarnos cuando enfrentamos dificultades porque estamos teniendo parte en los sufrimientos de Cristo, «para que también sea inmensa su alegría cuando se revele la gloria de Cristo» (1 Pedro 4:13). Si aferrarnos a nuestra fe parece difícil algunas veces ahora, nos alegrará haberlo hecho cuando Jesús regrese para llevarnos a nuestro hogar.

Pedro también escribe que, si nos insultan por causa del nombre de Cristo, somos dichosos, «porque el glorioso Espíritu de Dios reposa sobre ustedes» (1 Pedro 4:14). También dice: «Que ninguno tenga que sufrir por asesino, ladrón o delincuente, ni siquiera por entrometido. Pero, si alguien sufre por ser cristiano, que no se avergüence, sino que alabe a Dios por llevar el nombre de Cristo» (1 Pedro 4:15–16).

Es difícil cuando de repente nadie quiere almorzar contigo en el trabajo, o cuando sabes que hay personas que murmuran sobre ti. Bajo circunstancias como esas, podemos ser tentados fácilmente a intentar defendernos, pero Dios nos dice que no lo hagamos. Pablo escribe: «Dios, que es justo, pagará con sufrimiento a quienes los hacen sufrir a ustedes. Y a ustedes que sufren, les dará descanso, lo mismo que a nosotros. Esto sucederá cuando el Señor Jesús se manifieste desde el cielo entre llamas de fuego, con sus poderosos ángeles» (2 Tesalonicenses 1:6-7). Es consolador saber que podemos confiar en que Dios lidiará con nuestros enemigos y nos cuidará.

El apóstol Pedro también escribe que una persona «es digna de elogio (aprobada, aceptable y digna de gratitud) si, delante de Dios soporta el dolor de sufrir injustamente» (1 Pedro 2:19 AMPC, traducción libre) En otras palabras, quienes sufren por Dios son «dignos de elogio». Sigue diciendo: «Porque ¿qué mérito hay si, cuando hacen el mal y son castigados por ello, lo soportan con paciencia? Pero si soportan con paciencia el sufrimiento cuando hacen el bien y es un sufrimiento inmerecido, es aceptable y agradable a Dios» (1 Pedro 2:20 AMPC, traducción libre).

La primera vez que escuché estos versículos no me gustaron nada; sin embargo, ahora entiendo que no es el sufrimiento lo que agrada a Dios; es soportar el sufrimiento con paciencia, con una buena actitud, lo que le agrada. Cualquiera puede tener una buena actitud cuando todo va muy bien, pero se requiere la gracia de Dios para soportar el sufrimiento inmerecido. Lo diré de nuevo: tu recompensa llegará. Pedro llega incluso a decir que, si hemos sido llamados a sufrir injustamente, deberíamos recordar que Cristo sufrió por nosotros y nos dejó aquí para que seamos su ejemplo personal (1 Pedro 2:21 AMPC, traducción libre).

Soportar el sufrimiento con paciencia es lo que agrada a Dios, no el sufrimiento mismo.

La vieja Joyce no perdonaba nada a nadie, ni permitía que nadie hiciera algo que a ella no le gustaba, de modo que tuve que aprender mucho con respecto al sufrimiento y la persecución. Tengo un fuerte sentido de la justicia, y si algo no es justo, quiero oponerme a ello. Esperar en Dios es algo que he tenido que aprender, pero es el único modo en que recibiremos de Él nuestra recompensa.

Tipos de persecución

Las personas tienen ideas diferentes sobre lo que significa el sufrimiento, tal vez porque hay muchos tipos de sufrimiento. Entre ellos se incluyen los siguientes:

- Sufrimiento físico. En algunos países las personas son apareadas, encarceladas, e incluso muertas por ser cristianas. Pedro, Pablo, y muchos otros de los primeros seguidores de Cristo experimentaron este tipo de persecución. Hubo un tiempo en Roma en el que los cristianos eran llevados a la arena y comidos por leones como forma de entretenimiento para los romanos.

- Rechazo (ser dejado fuera de las cosas).
- Recibir burlas, lo cual causa vergüenza.
- Ser insultado.
- Ser juzgado con crítica (hablan y piensan de nosotros de manera desagradable).
- Ser discriminado (por ejemplo, no concedernos un ascenso que hemos merecido en el trabajo porque nos negamos a ser deshonestos).

Dios te recompensará cuando sufras. Ahora yo tengo favor con las personas que antes me rechazaban. Permíteme cerrar este capítulo con este versículo tan alentador: «El Señor hace justicia y defiende a todos los oprimidos» (Salmos 103:6). Cuando estés sufriendo, piensa en la recompensa que llegará en el futuro y no en el sufrimiento del presente.

CAPÍTULO 21

La puerta a las bendiciones

Una mente contenta es la mayor bendición que una persona puede disfrutar en este mundo.

Joseph Addison[46]

A menudo buscamos ser bendecidos sin darnos cuenta de que cada momento que vivimos está lleno de bendiciones. Simplemente no tomamos el tiempo para verlas. En este momento estoy respirando, y eso es una bendición. Yo puedo ver, y hay muchas personas no pueden hacerlo. Sé leer y escribir, mientras que hay más de 750 millones de personas en el mundo que todavía son analfabetas. Tengo alimentos en el refrigerador, mientras que millones de personas en todo el mundo están al borde de morir de hambre. Podría continuar, pero creo que estarías de acuerdo en que ya somos bendecidos, y tal vez una puerta hacia más bendiciones es estar agradecidos por las que ya tenemos.

Una cosa segura es que no son nuestras circunstancias, ya sean buenas o malas, las que determinan nuestro nivel de bendición; es nuestra percepción de esas circunstancias. Alguien con una actitud positiva puede tener circunstancias negativas y estar más feliz que alguien con una actitud negativa y circunstancias positivas. La cita al inicio de este capítulo dice: «Una mente contenta es la mayor bendición que una persona puede disfrutar en este mundo». Estoy de acuerdo. Si nuestra mente está contenta, estaremos contentos con la vida en sus altibajos.

> *Una actitud positiva bajo circunstancias negativas es mejor que una actitud negativa bajo circunstancias positivas.*

Hacer concesiones es lo que roba o bloquea nuestras

bendiciones. *Hacer concesiones* significa hacer un poco menos de lo que sabemos que es correcto. Una «pequeña» concesión a menudo nos engaña. Creemos que un poco no puede importar mucho, pero sí importa.

Hacer concesiones es lo que bloquea tus bendiciones.

Aquí tenemos un ejemplo práctico que demuestra este principio. Digamos que yo hice una tanda de galletas. Tú has comido galletas hechas según esa receta, y son tus favoritas; sin embargo, si yo te dijera que esta vez puse solamente una parte diminuta de veneno en ellas, ¿te las comerías? Sé que no lo harías, y yo tampoco. Sin embargo, sí que aceptamos pequeñas partes de cosas que son malas para nosotros o desagradables a Dios en otros aspectos, y pensamos que no importa.

Si hacemos lo correcto, entonces recibiremos bendición. Esto es una garantía en la Palabra de Dios. Él bendice la obediencia (Josué 1:8; Isaías 1:19; Lucas 5:1–10).

¿Por qué era odiado Jesús?

Creo que Juan 15:25 es uno de los versículos más tristes en la Biblia. Jesús dijo: «Me odiaron sin motivo». ¿Por qué lo odiaron? Se me ocurren varias razones:

- Lo odiaron porque Él era bueno y ellos no.
- Lo odiaron porque sus principios confrontaban los de ellos.
- Lo odiaron porque no hacía concesiones.
- Lo odiaron porque se negaba a ser mediocre.
- Lo odiaron porque era diferente a otras personas.

Prefiero tener las bendiciones de Dios que el aplauso humano.

Las personas odiaban a Jesús por todas esas razones y otras, aunque Él era bueno. Hacer lo correcto no garantiza aceptación, aprobación o aplausos, pero la Palabra de Dios dice: «No nos cansemos de hacer el bien, porque a su debido tiempo cosecharemos si no nos damos por vencidos» (Gálatas 6:9). Yo prefiero tener las bendiciones de Dios que el aplauso de los seres humanos en cualquier momento.

Génesis 4:1–16 relata la historia de dos hermanos: Caín y Abel. Caín tenía celos de la justicia de Abel, y lo mató. Quería lo que tenía Abel (la aprobación de Dios) pero no quiso hacer lo que estaba haciendo Abel para obtenerla.

Según Génesis 4:6, Caín estaba enojado y deprimido, como lo están muchos que hacen concesiones. Quieren ser bendecidos, pero no deciden hacer lo correcto y viven con la carga de una conciencia culpable. Quieren las recompensas de la justicia y el placer momentáneo de la carne que causa el pecado, pero eso no es posible.

Las personas a veces pagan un alto precio por una emoción barata.

Las personas a veces pagan un alto precio por una emoción barata.

Abel presentó a Dios el primogénito de su rebaño como ofrenda, y Caín presentó parte del fruto de la tierra (Génesis 4:3-4). Se quedó parte para sí mismo, y creo personalmente que era codicioso. No le dio todo a Dios como hizo Abel. Cuando Caín se enojó, Dios le preguntó: «¿Por qué estás tan enojado? ¿Por qué andas cabizbajo? Si hicieras lo bueno, podrías andar con la frente en alto. Pero, si haces lo malo, el pecado te acecha, como una fiera lista para atraparte. No obstante, tú puedes dominarlo» (Génesis 4:6-7). Nadie puede hacer lo equivocado y obtener un resultado correcto.

En ocasiones, para hacer lo correcto debemos escoger el camino doloroso, el que incluye un poco de sufrimiento. Hebreos 11:24–25 dice esto acerca de Moisés: «Por la fe Moisés, ya adulto, renunció a ser llamado hijo de la hija del faraón. *Prefirió ser maltratado con el pueblo de Dios a disfrutar de los efímeros placeres del pecado*» (énfasis de la autora).

Moisés era un hombre especial. No hay muchas personas que escogen sufrir, como él lo hizo, cuando pudo haber vivido entre lujos. Números 12:3 dice que, cuando Dios llamó a Moisés a sacar a los israelitas de Egipto y llevarlos a Canaán, se dijo de él que era «muy humilde, más humilde que cualquier otro sobre la tierra». Humildad o mansedumbre no es debilidad, como mencioné anteriormente en este libro; es fuerza bajo control.

Esperar la recompensa

En ocasiones, debemos seguir haciendo lo correcto por mucho tiempo antes de ver alguna recompensa. Por eso Gálatas 6:9 dice que no nos cansemos de hacer el bien y que a su debido tiempo cosecharemos si no nos damos por vencidos. No hagas lo correcto para obtener

El mejor antídoto para la codicia es la generosidad.

una recompensa; hazlo porque es correcto y porque amas a Dios, y deja que Dios se ocupe de las recompensas a su manera y según su tiempo adecuado.

La codicia por obtener beneficio es la razón para que se hagan muchas concesiones. El mejor antídoto para la codicia es la generosidad. Mientras más generoso seas, menos probable será que te vuelvas codicioso. Un líder cristiano no debe ser «amigo del dinero [insaciable por tener riqueza y listo para obtenerla mediante medios cuestionables]" (1 Timoteo 3:3 AMPC, traducción libre).

¿Qué recompensas podemos esperar?

Dios nos dará muchos tipos diferentes de recompensas si somos obedientes a Él, especialmente cuando estamos siendo maltratados. Ya hemos visto que Él nos dará una doble bendición a cambio de anterior vergüenza y maltrato (Isaías 61:7). Ser obedientes a Dios siempre implica perdonar a las personas que nos dañan o nos tratan injustamente. Es vital que soltemos cualquier falta de perdón que haya en nuestros corazones. He mencionado eso varias veces a lo largo de este libro, pero es un área que aparece en nuestras vidas una y otra vez: mantenernos libres de falta de perdón, amargura y resentimiento requiere vigilancia y una determinación de obedecer a Dios.

Obediencia a Dios significa perdonar a quienes te dañan.

Cuando hacemos las cosas a la manera de Dios, podemos esperar una recompensa cuando llegue el momento correcto.

Sin embargo, ¿cuáles son esas recompensas? Algunas de ellas son únicas para cada individuo, pero muchas son las mismas para todos, entre las que se incluyen:

- *Dios mismo.* La bendición de tener a Dios en nuestras vidas es la mayor recompensa de todas. Servirlo a Él es un privilegio, no una obligación. David dijo que Dios era su porción (Salmos 16:5). Y Hebreos 11:6 dice que Dios es galardonador de quienes lo buscan con diligencia. Mientras más obedientes a Dios seamos, más cerca estaremos de Él.
- *El favor de Dios.* Salmos 5:12 dice: «Tú, Señor, bendices al hombre justo; tu favor lo rodea, como un escudo» (RVC).
- *La corona de la vida.* Según Santiago 1:12: «Dichoso el que resiste la tentación porque, al salir aprobado, recibirá la corona de la vida que Dios ha prometido a quienes lo aman».
- *Autoridad.* Según Proverbios 12:24: «El de manos diligentes gobernará; pero el perezoso será subyugado». Las personas que son diligentes seguirán haciendo la voluntad de Dios a pesar de cómo se sientan.
- *Las recompensas de la generosidad.* Deuteronomio 15:10 aconseja: «No seas mezquino, sino generoso, y así el Señor tu Dios bendecirá todos tus trabajos y todo lo que emprendas». Y Mateo 6:3–4 enseña: «Más bien, cuando des a los necesitados, que no se entere tu mano izquierda de lo que hace la derecha, para que tu limosna sea en secreto. Así tu Padre, que ve lo que se hace en secreto, te recompensará».

- *Oración contestada.* Primera de Juan 3:21–22 dice: «Queridos hermanos, si el corazón no nos condena, tenemos confianza delante de Dios, *y recibimos todo lo que le pedimos porque obedecemos sus mandamientos y hacemos lo que le agrada*» (énfasis de la autora).
- *Paz.* Según Salmos 119:165, «completa paz» se da a quienes aman la ley de Dios, y «nada los hace tropezar».
- *El cielo.* El cielo es nuestra recompensa suprema. Qué lugar tan maravilloso es, donde no habrá muerte, ni lágrimas ni dolor (Apocalipsis 21:4). Veremos a Dios cara a cara, y todo será hecho nuevo (Apocalipsis 21:3, 5). Veremos belleza por encima de cualquier cosa que ni siquiera pudiéramos imaginar, y estoy segura de que la atmósfera es de paz total, gozo y amor. Personalmente tengo muchas ganas de llegar allí, pero también estoy contenta con estar aquí sirviendo a Dios hasta que Él quiera llevarme al cielo.

A pesar de lo que suceda en la vida de una persona, y a pesar de cuán negativas o dolorosas puedan ser las circunstancias, Dios puede hacer que obren para el bien de quienes lo aman y quieren su voluntad (Romanos 8:28). Lo sé por la Palabra de Dios, por mi propia experiencia, y por el testimonio de miles de otras personas: *sin importar cuán grande sea el desorden que tienes en tu vida, o cuán grande sea el desorden que tú mismo eres, si sigues la dirección del Espíritu Santo y deseas ser obediente a Dios, Él producirá una doble bendición en tu vida.* No pienses que es demasiado tarde para ti, porque nunca es demasiado tarde para comenzar.

Permíteme aclarar que toda la bondad de Dios es por su

gracia. No la ganamos por nuestras obras; tenemos acceso a las bendiciones de Dios por la fe. Y es imposible tener fe verdadera sin desear ser obedientes a Dios y crecer firmemente en ella.

Si nunca lo has hecho, te insto a que te rindas totalmente a Dios. Entrégale todo a Él y prepárate para emocionarte a medida que experimentes que todas las cosas te ayudan para bien.

CONCLUSIÓN

Todos atravesamos tiempos en nuestras vidas en los que decimos: «¡Esta situación es un desorden!». Puede que hablemos sobre un reto en una relación, un conflicto familiar, un problema financiero, una situación en el trabajo, un dilema moral, dificultades en algún grupo u organización donde estamos involucrados, el estado del mundo, o condiciones en nuestro hogar. Incluso podemos estar hablando de nosotros mismos. Un desorden es un problema, una situación difícil, o un conjunto de circunstancias complicado, y puede sucederle en cualquier lugar y en cualquier momento a todo el mundo. Jesús nos dice que en el mundo tendremos aflicciones (Juan 16:33). También dice en el mismo versículo que deberíamos animarnos, porque Él ha vencido al mundo.

Me gustaría poder decirte que después de leer este libro no enfrentarás ningún otro desorden en tu vida; pero eso simplemente no es cierto. Lo que sí espero es que después de leerlo estés mejor equipado que nunca para lidiar con los desórdenes que son inevitables en la vida. Espero que recuerdes las lecciones que has aprendido a lo largo de estas páginas, y que te proporcionen exactamente el consejo, el ánimo, y la verdad bíblica que necesitas para experimentar bendición

> *En Jesús tienes todo lo que necesitas.*

en el desorden. Pablo escribe que en medio de los problemas y las dificultades somos más que vencedores por medio de Cristo que nos ama (Romanos 8:36–37). Según 2 Corintios 2:14, Jesús siempre nos lleva triunfantes y, en Él, tienes todo lo que necesitas para ser victorioso sobre cualquier desorden que la vida lance en tu camino.

Además, espero que recuerdes que Jesús nos dio claves para la bendición cuando enseñó las Bienaventuranzas en su Sermón del Monte. Cada bienaventuranza o cualidad de carácter que menciona tiene vinculada una bendición y, a medida que desarrolles esas cualidades en tu vida, experimentarás mayores bendiciones.

Sé que la vida no siempre es fácil y sin problemas, y es mi oración que, a pesar de cualquier situación desordenada que puedas estar atravesando, recibas cada vez más bendición en medio de ella. También oro para que experimentes una doble recompensa por cada problema que atravieses. Mantente firme a pesar de cuáles puedan ser tus circunstancias. Continúa sirviendo a Dios y dándole gracias; y que las bendiciones que recibas superen con creces la dificultad con la que estás lidiando.

NOTAS

1. *Words of Art: Inspiring Quotes from the Masters* (Adams Media, 2012).
2. G. V. Wigram, *Gleanings from the Teaching of G. V. Wigram* (Bible Truth Publishers, n.d.), p. 274.
3. Citado en ChristianQuotes.info, https://www.christianquotes.info/quotes-by-author/augustine-quotes.
4. Abraham Lincoln, carta a Edward Stanton, 14 de julio de 1864.
5. Matshona Dhliwayo, citado en https://www.goodreads.com/quotes/9542059.
6. Edmund Clowney, *The Message of 1 Peter* (InterVarsity Press, 2021), pp. 34–35.
7. James Strong, *Strong's Concordance of the Bible*, https://biblehub.com/hebrew/835.htm.
8. Citado en SermonQuotes.com, https://sermonquotes.com/max-lucado-2/11165-god-loves-us-much-indulge-every-whim-max-lucado.html.
9. Brant Hansen, *Unoffendable: How Just One Change Can Make All of Life Better* (Thomas Nelson, 2015), p. 184.
10. Citado en Ziglar.com, https://www.ziglar.com/quotes/your-attitude-not-your-aptitude.
11. Citado en Quote Fancy, https://quotefancy.com/quote/841058/John-C-Maxwell-You-are-only-an-attitude-away-from-success.
12. Citado en Healing for Eating Disorders, https://healingforeatingdisorders.com/recovery-quotes-for-eating-disorders-2.

13. Citado en Quote Fancy, https://quotefancy.com/quote/841585/John-C-Maxwell-Circumstances-do-not-make-you-what-you-are-they-reveal-what-you-are.
14. Citado en Quote Master, https://www.quotemaster.org/q8b20570004ab0d75c969e63badcefa09.
15. Citado en Stephanie A. Sarkis, "50 Quotes on Perspective", *Psychology Today*, 25 de octubre de 2012, https://www.psychologytoday.com/us/blog/here-there-and-everywhere/201210/50-quotes-perspective.
16. "Acid Attack Survivor Katie Piper Is Moving On and Helping Others", God Vine, 22 de enero de 2023, https://www.godvine.com/read/acid-attack-survivor-katie-piper-1484.html.
17. Citado en A to Z Quotes, https://www.azquotes.com/quote/540419.
18. A. W. Tozer, *Of God and Men* (Christian Publications, 1960).
19. Google English Dictionary de acuerdo a Oxford Languages.
20. "Stress", Cleveland Clinic, https://my.clevelandclinic.org/health/articles/11874-stress.
21. "Stress Symptoms: Effects on Your Body and Behavior", Mayo Clinic, https://www.mayoclinic.org/healthy-lifestyle/stress-management/in-depth/stress-symptoms/art-20050987.
22. Carol Krueger, *The Spider and the King* (Rigby, 1999).
23. Citado en Brainy Quote, https://www.brainyquote.com/quotes/meister_eckhart_149158.
24. Citado en Quote Fancy, https://quotefancy.com/quote/899530/Rick-Warren-If-you-give-it-to-God-He-transforms-your-test-into-a-testimony-your-mess-into.
25. A. W. Tozer, *The Knowledge of the Holy* (Harper and Row, 1961).
26. Jonathan Edwards, *The Works of President Edwards*, vol. 7 (G. & C. & H. Carvill, 1830), p. 410.
27. Philip Yancey, *Reaching for the Invisible God: What Can We Expect to Find?* (Zondervan, 2002), p. 95.
28. C. S. Lewis, *The Problem of Pain* (HarperOne, 2015), pp. 91, 93–94.

29. Citado en Christian Quotes, https://www.christianquotes.info/quotes-by-author/andrew-murray-quotes.
30. Citado en Quote Fancy, https://quotefancy.com/quote/1552435/Teresa-of-vila-You-pay-God-a-compliment-by-asking-great-things-of-Him.
31. "Strong's #6793," Old Testament Hebrew Lexical Dictionary, https://www.studylight.org/lexicons/eng/hebrew/6743.html.
32. "Strong's #2137," Old Testament Hebrew Lexical Dictionary, https://www.studylight.org/lexicons/eng/hebrew/2137.html.
33. Citado en Wise Famous Quotes, https://www.wisefamousquotes.com/henri-j-m-nouwen-quotes/becoming-a-child-is-living-the-beatitudes-and-82167.
34. "Beatitude", *Cambridge Advanced Learner's Dictionary and Thesaurus*, https://dictionary.cambridge.org/us/dictionary/english/beatitude.
35. Noah Webster, "Virtue", *An American Dictionary of the English Language* (S. Converse, 1828), https://webstersdictionary1828.com/Dictionary/virtue.
36. Citado en Brainy Quote, https://www.brainyquote.com/quotes/rick_warren_395865.
37. Citado en Brainy Quote, https://www.brainyquote.com/quotes/henry_ward_beecher_105506.
38. Citado en Oxford Reference, https://www.oxfordreference.com/display/10.1093/acref/9780191843730.001.0001/q-oro-ed5-00006699.
39. *New Spirit-Filled Life Bible* (Thomas Nelson, 2002), xxiv.
40. Matthew Henry, *Commentary on the Whole Bible*, vol. 5 (Fleming Revell, n.d.), p. 51.
41. Henry, p. 51.
42. "Katharos", Bible Study Tools, https://www.biblestudytools.com/lexicons/greek/nas/katharos.html.
43. *New Spirit-Filled Life Bible*, p. 1821.

44. "What Does It Mean to Be Pure in Heart?", Got Questions, https://www.gotquestions.org/pure-in-heart.html.
45. Eleanor Roosevelt, *Voice of America*, transmitido el 11 de noviembre de 1951.
46. Joseph Addison, "No. 574" (30 de julio de 1714), *The Spectator* (H. Washbourne and Co., 1857), p. 656.

¿Tienes una relación real con Jesús?

¡Dios te ama! Él te creó para que seas una persona especial, única, exclusiva, y Él tiene un propósito y un plan concretos para tu vida. Y, mediante una relación personal con tu Creador (Dios), puedes descubrir un estilo de vida que dará satisfacción verdadera a tu alma.

No importa quién seas, lo que hayas hecho o dónde te encuentres en la vida ahora mismo, el amor y la gracia de Dios son mayores que tu pecado, tus errores. Jesús dio su vida voluntariamente para que tú puedas recibir perdón de Dios y tener una nueva vida en Él. Él está esperando a que lo invites a ser tu Salvador y Señor.

Si estás listo para entregar tu vida a Jesús y seguirlo, lo único que tienes que hacer es pedirle que perdone tus pecados y te dé un nuevo comienzo en la vida, el que Él tiene para ti. Comienza haciendo esta oración...

Señor Jesús, gracias por dar tu vida por mí y perdonar mis pecados para que pueda tener una relación personal contigo. Siento mucho los errores que he cometido, y sé que necesito que me ayudes a vivir rectamente.

Tu Palabra dice en Romanos 10:9 que "si confiesas con tu boca que Jesús es el Señor y crees en tu corazón que Dios lo levantó de entre los muertos, serás salvo". Creo que eres el Hijo de Dios y te confieso como mi Salvador y Señor. Tómame tal como soy, y trabaja en mi corazón, haciéndome la persona que quieres que sea. Quiero vivir para ti, Jesús, y estoy muy agradecido porque me estás dando un nuevo comienzo en mi nueva vida contigo hoy.

¡Te amo, Jesús!

¡Es maravilloso saber que Dios nos ama tanto! Él quiere tener una relación profunda e íntima con nosotros que crezca cada día al pasar tiempo con Él en oración y estudiando la Biblia. Y queremos animarte en tu nueva vida en Cristo.

Por favor, visita https://tv.joycemeyer.org/espanol/como-conocer-jesus/, que es nuestro regalo para ti. También tenemos otros recursos en el Internet que te ayudan a progresar en tu búsqueda de todo lo que Dios tiene para ti.

¡Felicidades por tu nuevo comienzo en tu vida en Cristo! Esperamos oír de ti pronto.

ACERCA DE LA AUTORA

Joyce Meyer es una de las principales maestras prácticas de la Biblia en el mundo y autora de éxitos de ventas del *New York Times*. Los libros de Joyce han ayudado a millones de personas a encontrar esperanza y restauración por medio de Jesucristo. Los programas de Joyce, *Disfrutando la vida diaria* y *Everyday Answers with Joyce Meyer*, se emiten por televisión, radio y el Internet a millones alrededor del mundo en más de cientos de idiomas.

A través del ministerio Joyce Meyer Ministries, Joyce enseña internacionalmente sobre varios temas con un enfoque particular en cómo la Palabra de Dios se aplica a nuestra vida diaria. Su estilo de comunicación informal le permite compartir de manera abierta y práctica sobre sus experiencias para que otros puedan aplicar a sus vidas lo que ella ha aprendido.

Joyce ha escrito más de 140 libros, que han sido traducidos a más de 160 idiomas y sobre 39 millones de sus libros se han distribuido en todo el mundo. Entre sus éxitos de ventas están: *Pensamientos de poder*; *Mujer segura de sí misma*; *Luzca estupenda, siéntase fabulosa*; *Empezando tu día bien*; *Termina bien tu día*; *Adicción a la aprobación*; *Cómo oír a Dios*; *Belleza en lugar de cenizas*; y *El campo de batalla de la mente.*

La pasión de Joyce por ayudar a las personas que sufren es

fundamental para la visión de Hand of Hope, el brazo misionero de Joyce Meyer Ministries. Cada año, Hand of Hope proporciona millones de comidas a personas hambrientas y desnutridas, instala pozos de agua potable en áreas pobres y remotas, brinda ayuda crítica después de desastres naturales, y ofrece atención médica y dental gratuita a miles a través de sus hospitales y clínicas en todo el mundo. A través del Proyecto GRL, mujeres y niños son rescatados de la trata de personas y se les brindan lugares seguros para recibir educación, comidas nutritivas y el amor de Dios.

JOYCE MEYER MINISTRIES

DIRECCIONES DE LAS OFICINAS EN
E.U.A. Y EL EXTRANJERO

Joyce Meyer Ministries
P.O. Box 655
Fenton, MO 63026 USA
(636) 349-0303

Joyce Meyer Ministries—Canadá
P.O. Box 7700
Vancouver, BC V6B 4E2
Canada
(800) 868-1002

Joyce Meyer Ministries—Australia
Locked Bag 77
Mansfield Delivery Centre
Queensland 4122
Australia
(07) 3349 1200

Joyce Meyer Ministries—Inglaterra
P.O. Box 1549
Windsor SL4 1GT
United Kingdom
01753 831102

Joyce Meyer Ministries—África del Sur
P.O. Box 5
Cape Town 8000
South Africa
(27) 21-701-1056

Joyce Meyer Ministries—Francofonía
29 avenue Maurice Chevalier
77330 Ozoir la Ferriere
France

Joyce Meyer Ministries—Alemania
Postfach 761001
22060 Hamburg
Germany
+49 (0)40 / 88 88 4 11 11

Joyce Meyer Ministries—Países Bajos
Lorenzlaan 14
7002 HB Doetinchem
+31 657 555 9789

Joyce Meyer Ministries—Rusia
P.O. Box 789
Moscow 101000
Russia
+7 (495) 727-14-68

OTROS LIBROS DE JOYCE MEYER

100 Inspirational Quotes
100 Ways to Simplify Your Life
21 Ways to Finding Peace and Happiness
The Answer to Anxiety
Any Minute
Approval Addiction
The Approval Fix
*Authentically, Uniquely You**
The Battle Belongs to the Lord
*Battlefield of the Mind**
Battlefield of the Mind Bible
Battlefield of the Mind for Kids
Battlefield of the Mind for Teens
Battlefield of the Mind Devotional
Battlefield of the Mind New Testament
*Be Anxious for Nothing**
Be Joyful
Being the Person God Made You to Be
Beauty for Ashes
Change Your Words, Change Your Life
Colossians: A Biblical Study
The Confident Mom
The Confident Woman
The Confident Woman Devotional
*Do It Afraid**
Do Yourself a Favor... Forgive
Eat the Cookie... Buy the Shoes
Eight Ways to Keep the Devil Under Your Feet
Ending Your Day Right
Enjoying Where You Are on the Way to Where You Are Going
Ephesians: A Biblical Study
The Everyday Life Bible
The Everyday Life Psalms and Proverbs
Filled with the Spirit
Galatians: A Biblical Study
Good Health, Good Life
Habits of a Godly Woman
*Healing the Soul of a Woman**
Healing the Soul of a Woman Devotional
Hearing from God Each Morning

How to Age without Getting Old
*How to Hear from God**
How to Succeed at Being Yourself
How to Talk with God
I Dare You
*If Not for the Grace of God**
In Pursuit of Peace
In Search of Wisdom
James: A Biblical Study
The Joy of Believing Prayer
Knowing God Intimately
A Leader in the Making
Life in the Word
Living Beyond Your Feelings
Living Courageously
Look Great, Feel Great
Love Out Loud
The Love Revolution
Loving People Who Are Hard to Love
Making Good Habits, Breaking Bad Habits
Making Marriage Work (previously published as Help Me—I'm Married!)
*Me and My Big Mouth!**
*The Mind Connection**
Never Give Up!
Never Lose Heart
New Day, New You
Overcoming Every Problem
Overload
The Penny
*Perfect Love (previously published as God Is Not Mad at You)**
Philippians: A Biblical Study
The Power of Being Positive
The Power of Being Thankful
The Power of Determination
The Power of Forgiveness
The Power of Simple Prayer
The Power of Thank You
Power Thoughts
Power Thoughts Devotional
Powerful Thinking
Quiet Times with God Devotional

Reduce Me to Love
The Secret Power of Speaking God's Word
The Secrets of Spiritual Power
The Secret to True Happiness
Seven Things That Steal Your Joy
Start Your New Life Today
Starting Your Day Right
Straight Talk
Teenagers Are People Too!
Trusting God Day by Day
The Word, the Name, the Blood
Woman to Woman
You Can Begin Again
*Your Battles Belong to the Lord**

* Guía de estudio disponible para este título

Libros en español por Joyce Meyer

Amar a la gente que es muy difícil de amar (Loving People Who Are Hard to Love)
Auténtica y única (Authentically, Uniquely You)
Belleza en lugar de cenizas (Beauty for Ashes)
Buena salud, buena vida (Good Health, Good Life)
Cambia tus palabras, cambia tu vida (Change Your Words, Change Your Life)
El campo de batalla de la mente (Battlefield of the Mind)
Cómo envejecer sin avejentarse (How to Age without Getting Old)
Cómo formar buenos hábitos y romper malos hábitos (Making Good Habits, Breaking Bad Habits)
La conexión de la mente (The Mind Connection)
Dios no está enojado contigo (God Is Not Mad at You)
La dosis de aprobación (The Approval Fix)
Efesios: Comentario bíblico (Ephesians: Biblical Commentary)
Empezando tu día bien (Starting Your Day Right)
Hágalo con miedo (Do It Afraid)
Hazte un favor a ti mismo... perdona (Do Yourself a Favor... Forgive)
Madre segura de sí misma (The Confident Mom)
Momentos de quietud con Dios, Devocionario (Quiet Times with God Devotional)
Mujer segura de sí misma (The Confident Woman)
No se afane por nada (Be Anxious for Nothing)
Pensamientos de poder (Power Thoughts)

El poder de la gratitud (The Power of Thank You)
La respuesta a la ansiedad (The Answer to Anxiety)
Sanidad para el alma de una mujer (Healing the Soul of a Woman)
Sanidad para el alma de una mujer, devocionario (Healing the Soul of a Woman Devotional)
Santiago: Comentario bíblico (James: Biblical Commentary)
Siempre alegre (Be Joyful)
Sobrecarga (Overload)
Sus batallas son del Señor (Your Battles Belong to the Lord)
Termina bien tu día (Ending Your Day Right)
Tienes que atreverte (I Dare You)
Usted puede comenzar de nuevo (You Can Begin Again)
Viva amando su vida (Living a Life You Love)
Viva valientemente (Living Courageously)
Vive por encima de tus sentimientos (Living Beyond Your Feelings)

Libros por Dave Meyer

Life Lines